주희가 들려주는

성리학 이야기

주희가 들려주는
성리학 이야기

ⓒ 이종란, 2006

초판 1쇄 발행일 2006년 7월 21일
초판 15쇄 발행일 2021년 11월 2일

지은이   이종란
그림   권송이
펴낸이   정은영
펴낸곳   (주)자음과모음

출판등록   2001년 11월 28일 제2001-000259호
주소   10881 경기도 파주시 회동길 325-20
전화   편집부 (02)324-2347 경영지원부 (02)325-6047
팩스   편집부 (02)324-2348 경영지원부 (02)2648-1311
e-mail   jamoteen@jamobook.com

ISBN 978-89-544-1950-5 (64100)

주희가 들려주는

성리학 이야기

이종란 지음

㈜자음과모음

책머리에

주희(朱熹, 1130~1200)는 중국 남송 때의 학자로 우리에게는 주자(朱子)로 더 잘 알려진 인물입니다. 주자가 완성한 학문을 가리켜 주자학이라 합니다. 우리나라와 중국, 일본에서 주자만큼 후세에 영향을 많이 끼친 학자는 드뭅니다. 특히 주자학은 고려 말 안향(安珦)에 의해 전래된 이후, 조선 말까지 무려 500년이 넘게 우리 조상들의 정신을 지배해 왔습니다. 흔히 고려는 불교, 조선은 유교를 국교로 삼았다고 알고 있는데, 그 유교가 바로 주자학입니다. 우리가 잘 아는 천 원짜리와 오천 원짜리 지폐에 그려진 퇴계나 율곡 선생도 모두 주자학자입니다. 주자학을 중심으로 한 여러 유학자들의 학문을 우리는 성리학(性理學)이라 부릅니다.

그런데 우리는 왜 성리학을 알아야 할까요? 오늘날 우리가 있기까지는 조상들의 영향을 많이 받았습니다. 조금 더 거슬러 올라가면 그들은 성리학과 깊은 관계를 맺고 있습니다. 조선시대 때는 성리학의 원칙대로 백성들을 다스렸으니까요. 성리학은 지금도 알게 모르게 여러분들에게 많은 영향을 끼치고 있습니다. 제사나 장례식이나 전통 혼례의 형식은 대부분 주자가 정한 방법을 따르고 있습니다. 게다가 웃어른을 공경하거나 형제끼리 우애 있게 지내는 일 등도 주자의 학문과 관계가 깊습니다. 그러니까 여러분의 생각이나 행동도 주자의 학문과 관계가 있는 것입니다. 따라서 우리의 문화는 물론이고 자신과 남의 행동을 이해하기 위해서는 반드시 성리학을 알아야 하는 것입니다. 성리학은 마치 우리가 꼭 넘어야 할 산과도 같습니다.

　주자는 송나라 당시 선배들의 학문을 이어받아 공자나 맹자의 유학을 새롭게 완성한 사람입니다. 불교나 다른 종교에서는 흔히 사람이 죽은 뒤에 천당이나 극락에 가려면 살아 있을 때 착하게 살아야 한다고 가르칩니다. 하지만 성리학에서는 우리가 죽은 뒤에 가는 저승이 아닌, 현재 살고 있는 이 땅을 살기 좋은 곳으로 만들기 위해 인간의 도리를 다해야 한다고 가르칩니다. 왜냐하면 그것이 하늘의 이치이기 때문입니다.

하늘의 이치를 성리학에서는 '천리(天理)' 또는 그냥 '리(理)'라고 부르고, 다른 말로는 '태극(太極)'이라 부릅니다. '태극기'할 때 바로 그 태극을 말합니다. 천리는 변하는 것이 아니고 영원무궁하기 때문에 인간이 잘 따라야 하는 것입니다.

구체적으로 천리가 무엇인지 궁금하지요? 이 책을 자세히 읽어 보면 알 수 있습니다.

주자는 이전 선배들의 학문을 이어받아, 천리가 바로 인간과 만물 속에 들어 있다고 보았습니다. 인간의 성품이 곧 천리라고 했으니, 인간을 작은 우주로 여긴 것입니다. 특히 사람은 다른 사물보다 영리하기 때문에 천리를 잘 깨달을 수 있다고 했습니다. 천리를 갖고 있기 때문에 사람은 근본적으로 착하게 태어난 것입니다. 그래서 아무리 나쁜 사람이라도 잘못을 뉘우치고 공부를 해서 깨달으면 성인이 될 수 있는 것입니다.

 그런데 현실은 그렇지 않습니다. 세상에는 나쁜 사람이 아주 많습니다. 그것은 그들이 천리를 가지고 있지 않아서가 아니라, 그 천리를 덮고 있는 무엇인가가 있기 때문입니다. 천리는 변하지 않습니다. 다만 천리가 잘 발휘되지 못하게 막는 것이 있는데, 그것이 바로 기(氣)라고 설명했습니다. 기는 물질과 같은 것인데 인간의 정신에 있어서는 감정과 욕구를 가리킵니다. 사람이 잘못되는 것은 바로 이 기(氣) 때문입니다. 주자학에서는 공부와 수양을 통해 기(氣)를 바르게 변화시키면 자신에게 부여된 천리를 잘 발휘할 수 있다고 보았습니다. 그러면 성인도 될 수 있다는 것입니다.

 성인이 되는 방법에는 무엇이 있을까요? 책을 많이 읽으면 가능할까요? 아니면 스님들처럼 조용히 참선을 하면 될까요? 그것도 아니면 어려운 사람을 많이 도와주어야 할까요?

바로 여기서 이 책의 이야기가 시작됩니다.

이야기의 주인공인 주민수, 주유수 형제는 말썽만 피우던 문제아들이었습니다. 그러나 이들은 지리산 산골의 친척 집에 가면서부터 달라지게 됩니다. 그곳에서는 서울에서처럼 학원에 다녀야 한다든지 억지로 공부를 해야 한다든지 하는 일은 없었습니다. 그저 자연과 더불어 살면서 스스로 체험하며 배웠습니다. 그곳에서 3년 동안 지낸 뒤 서울로 돌아와 형제는 완전히 새사람이 되었고, 나름대로 성공한 사람이 되었습니다.

문제아였던 그들이 어떻게 달라질 수 있었을까요? 그것은 독자 여러분들이 이 책을 읽어 가면서 찾아야 할 몫입니다.

2006년 7월

이종란

C O N T E N T S

내 이름은 주유수. 아이들은 흔히 나를 '주유소'라고 부른다. 하지만 나는 그 말을 들어도 그냥 웃어넘긴다.

우리 가족은 아빠와 나와 형, 이렇게 세 식구가 전부다. 엄마는 내가 어렸을 때 집을 나가셨다. 한때 아빠가 술을 많이 드시고 집안일을 돌보지 않아서 집을 나가신 것이다. 그 때문인지 아빠는 그 뒤부터는 술을 입에 대지 않으신다.

우리는 다세대 빌라의 지하 셋방에 살고 있다. 아빠가 영업용 택시를 운전하시기 때문에 나는 형과 단둘이 집에 있을 때가 많다. 나는 초등학교 5학년, 형은 중학교 1학년이지만 우리 형제는 못하는 게 없다. 밥도 짓고 빨래도 하고 설거지도 한다. 그리고 말다툼도 잘한다.

무엇보다 제일 잘하는 건 싸움인데, 동네 애들하고 싸우면 절대로 지지 않는다. 같은 반 친구를 때려서 그 친구의 부모님한테 혼난 적도 한두 번이 아니다. 그럴 때마다 선생님은 아빠를 모셔 오라 하지만 아빠는 바빠서 오실 수가 없다. 어쩌다 학교에 오시는 경우에는 늘 내가 때린 아이의 치료비를 물어내느라 정신이 없으시다. 물론 집에 돌아와서 우리가 혼나는 건 말하나마나다. 그래서 동네 애들이든 어른이든 우리 형제를 좋아하는 사람이 없다.

아, 우리가 잘하는 게 또 있다. 컴퓨터 게임! 우리는 돈만 생기면 피시방으로 간다. 그게 우리들의 유일한 즐거움이다. 돈이 모자라면 아빠의 호주머니에서 몰래 꺼내 쓰기도 한다. 그러다가 들키면 얻어맞기도 하지만 게임의 즐거움을 생각하면 그 정도는 참을 수 있다. 쉿! 이건 비밀인데 우리 형은 담배를 피운 적도 있다. 나도 한 모금 빨아 봤지만 목이 따끔거리고 머리가 띵해서 그만두었다.

제발 사람들이 우리에게 왜 학원에 다니지 않느냐고 묻지 않았으면 좋겠다. 아빠가 보내 주셔도 우리가 잘 가지 않을 것 같기는 하지만, 사실 우리 형편에 학원까지 다니는 것은 조금 무리다. 아빠는 늘 이렇게 말씀하신다.

"원래 공부 못하는 애들이 학원에 다니는 거야."

그래서 우리는 방과 후에 늘 따분하다. 어른들은 우리에게 시간 있으면 책을 읽거나 공부를 하라고 하지만 그게 마음대로 되면 얼마나 좋겠는가. 책만 펴면 졸음이 몰려와서 공부를 할 수가 없다.

이런 우리에게 아빠는 지리산 마을로의 '귀양'을 결정하셨다. 요즘 세상에 웬 귀양이냐고 하겠지만 실은 아빠가 속 썩이는 우리 형제를 그곳에 사는 친척 아저씨 집에 잠시 맡기시려고 하는 것이다.

아! 이제 우리는 학교에 가지 않아도 된다! 신난다! 야호! 그런데 시골에서는 뭘 하고 놀지?

주자를 아는가

 젊었을 때 열심히 배우지 않으면 늙어서 후회한다.

－주희

1 말썽꾸러기들

"무슨 애가 이 모양이야? 우리 애를 어떻게 때렸기에 애 얼굴에
이렇게 멍이 들었니?"

호영이 어머니가 짜증스런 목소리로 야단을 쳤다.

"애, 너희 엄마 좀 모셔 와라. 도대체 아이 교육을 어떻게 시켰기
에 이 모양이야!"

"엄마 없는데요."

"뭐라고?"

"유수네 어머니는 안 계세요."

선생님이 옆에서 거들자 호영이 어머니가 말했다.

"그래. 알 만하다. 도망갔겠지. 너 같은 애를 보고 무슨 희망을 갖고 살겠니? 나 같아도 도망갔겠다. 그럼 아버지라도 모시고 와."

집 나간 어머니 이야기를 하니 마음이 몹시 불쾌하고 욕이 튀어나오려 했다. 하지만 나는 꾹 참고 겨우 말했다.

"저, 우리 아버지……."

"애, 말 좀 똑바로 할 수 없니? 아버지가 어떻다고?"

"우리 아버지 학교에 안 오세요. 저는 아버지께 죽어도 말 못해요."

나는 다 죽어 가는 목소리로 겨우 말했다.

"흥, 네 행동을 보니 그럴 줄 알았다. 너희 아버지가 무슨 얼굴로 나타나겠니?"

호영이 어머니는 당연하다는 듯 말했다. 그러고는 선생님께 이렇게 덧붙였다.

"선생님, 가만히 있어서는 안 되겠어요. 저번에도 그러고 이번에도 또 그랬잖아요. 그래 놓고 저 애 말하는 소리 좀 들어 보세요. 자기 아버지를 못 모시고 오겠다잖아요. 전화번호를 알려 주세요.

제가 직접 전화해서 좀 따져야겠어요."

하지만 그날도 그다음 날도 호영이 어머니는 우리 아버지와 통화할 수 없었다.

사실 아주머니가 학교에 와서 야단치는 건 별로 무섭지 않았다. 선생님이 꾸중하는 것도 그때만 참으면 된다. 하지만 아버지는 달랐다. 아버지는 우리 형제가 잘못을 하면 무섭게 야단치며 회초리로 때렸다. 우리에게 가장 무서운 사람은 아버지였다.

아버지는 택시 운전을 하시느라 밤늦게 집에 들어오신다. 쉬는 날에도 다른 아저씨들하고 운동을 하시느라 거의 집을 비우시고 어쩌다 집에 계시는 날이면 전화기 코드를 빼 놓고 주무신다. 따라서 호영이 어머니가 우리 아버지와 전화 통화를 하기는 쉽지 않을 것이다. 나는 그 점을 노리고 있었다.

그런데 호영이 어머니는 포기하지 않고 끈질기게 전화를 걸어 마침내 아버지와 통화할 수 있었다. 전후 사정을 모두 들은 아버지는 호영이 어머니에게 치료비를 물어 주었고, 결국 나는 아버지께 호되게 회초리로 맞았다.

내가 호영이를 괴롭히고 때린 데에는 다 그만한 이유가 있었다. 그 애가 나를 은근히 무시하고 따돌렸기 때문이다. 호영이는 교실에서 돈이 없어질 때마다 내가 한 짓이라고 아이들에게 소문을 퍼뜨리고 다녔다. 게다가 내 옷차림이 어떻다는 둥 우리 집이 가난하다는 둥 늘 나를 무시했다.

호영이네는 아버지 사업이 잘돼서 아주 부자였다. 넓은 아파트와 외제 승용차는 물론, 집에 없는 게 없었다. 호영이 부모님은 호영이의 생일이 되면 동네 아이들을 커다란 음식점으로 초대해서 맛있는 음식을 실컷 사 주고 좋은 선물까지 준비해 놓았다가 아이들에게 나눠 주었다. 물론 나는 한 번도 초대받지 못했지만 말이다.

하지만 아이들이 호영이 주변에 잘 모이는 것은 호영이네가 부자이기 때문만은 아니다. 호영이는 얼굴이 작고 피부가 뽀얀 데다가 공부도 잘했다. 게다가 나를 제외한 다른 아이들에게는 친절하기까지 했다. 그 때문에 인기가 많아서 학급의 어린이회장으로 뽑히기도 했다.

반면에 대부분의 아이들은 나를 싫어한다. 나는 걸핏하면 아이들과 다투고 욕도 잘할 뿐 아니라 행동도 거칠다. 그리고 어머니가 계시지 않기 때문에 옷차림도 늘 지저분하다. 나는 항상 똑같은 청바지에 해병대 군복에 쓰인 글씨 같은 노랗고 빨간 영어가 새겨진 티셔츠 차림을 하고 다닌다. 그리고 얼굴도 잘생기지 않았다. 또한 용돈이 부족해서 아이들과 어울려 군것질도 못하고 대부분 얻어먹고 다닌다. 그래서 아이들은 자기들끼리 사 먹다가 내가 나타나면 슬그머니 자리를 피해 버리곤 한다.

나는 호영이가 공부를 잘하고 인기가 있는 것은 다 부자 아빠를 만난 덕이라고 생각한다. 그리고 호영이는 과외에 비싼 학원까지 다니기 때문에 공부를 잘하는 것이다. 나도 부잣집에서 태어났으면 호영이보다 더 인기 있는 아이가 되었을 것이다. 나는 호영이를 따르는 아이들은 줏대가 없는 놈들이라고 생각한다. 그래서 나중에 돈을 많이 벌면 그런 줏대 없는 애들의 코를 납작하게 만들어 줘야겠다고 생각하고 있다.

그런 내게도 친구가 한 명 있다. 그나마 나의 학교생활에 힘이 되는 것은 나를 알아주는 친구가 있기 때문이다. 성은 노, 이름은 기수라는 아이인데, 아이들이 그 애 이름을 가지고 '노가리'라고 놀리면 내가 못 놀리게 막아 주곤 한다.

기수에게는 아버지가 안 계신다. 공사장에서 일을 하던 기수의 아버지는 몇 해 전에 술을 마시고 돌아오다가 그만 뺑소니차에 치여 돌아가셨다. 그래서 기수는 어머니와 단둘이 어렵게 살아가고 있다. 기수의 어머니는 포장마차를 하면서 라면이나 떡볶이, 어묵 등을 팔아 두 식구의 생계를 꾸려 가고 있다.

아이들은 나를 좋아하지 않는 것처럼 기수하고도 친하게 지내려 하지 않는다. 기수는 성격이 활달하지 않아서 아이들과 잘 어울리지도 못하고 공부도 잘하는 편이 아니다. 멋있는 옷을 입고 다니는 것도 아니고 아이들에게 먹을 것을 사 줘서 인기를 얻지도 못한다. 또 그 아이도 나처럼 자기 생일날 친구들을 초대하거나 친구들에게 초대를 받는 일이 없다. 학원에 다니면 학원 친구라도 있을 텐데 학원에 갈 형편도 못된다.

그런 기수와 내가 친해진 계기가 있다. 어느 날, 아이들이 기수를 놀려 대고 있었다.

"노가리 노가리 노기수, 노기수는 유수 사촌."

"뭐라고, 유수 사촌?"

나는 그 말을 듣고 버럭 화를 내며 아이들을 쫓아갔다. 그러자 아이들은 모두 멀리 도망가 버렸다.

"또 한 번 기수 놀리면 가만 안 둬!"

내가 소리치자 아이들은 그 뒤부터는 기수를 놀리지 않았다.

그 일이 있은 다음 날, 길을 가는데 누가 나를 부르는 소리가 들렸다. 돌아보니 기수가 포장마차에서 떡볶이를 먹고 있었다.

'녀석, 의리는 있군. 혼자 먹지 않고 나를 부르다니.'

이렇게 생각하면서 가까이 가자 주인아주머니가 내게 말했다.

"네가 유수니? 참 씩씩하고 남자답게 생겼구나. 난 기수 엄마야. 네가 어제 우리 기수가 놀림 받지 않게 도와주었다며? 참 착하구나. 자, 이거 먹고 우리 기수랑 잘 지내라."

그러면서 떡볶이 한 접시를 주시는 것이 아닌가? 아주머니는 곧이어 이렇게 말씀하셨다.

"그래, 엄마가 안 계신다고 했지? 이제 나를 엄마처럼 생각하고 배고프면 자주 놀러 와."

세상에, 이렇게 감사할 수가!

그렇게 해서 비록 친어머니는 아니지만 어머니도 생겼고, 또 떡볶이도 공짜로 얻어먹을 수 있게 되었다.

그날 이후 나는 기수와 더 친해졌고, 기수 어머니의 포장마차에 참새가 방앗간 드나들듯 뻔질나게 드나들곤 했다.

내게 힘을 주는 사람이 한 명 더 있었다. 바로 같은 반 친구인 수정이라는 아이였다. 수정이는 아이들과 몰려다니지도 않았고, 줏대 없이 여기 붙었다 저기 붙었다 하지도 않았다. 다른 아이들의 생일잔치에 가지도 않았고 다른 아이들을 초대하지도 않았다. 수정이는 시간 날 때마다 늘 책을 읽었고, 수업 시간에 남의 눈치를 보느라 일부러 발표를 하지 않거나 그렇다고 잘난 척을 하지도 않았다. 수정이는 꼭 필요할 때에만 일어서서 딱 부러지게 발표를 했다. 어떤 아이들은 잘난 척한다고 친구들이 놀릴까 봐 발표를 잘 하지 않으려고 한다. 그런데 수정이는 그런 것을 신경 쓰지 않았다. 아이들이 수군대거나 비아냥거려도 무시해 버리고 좀처럼 반응을 보이지 않았다. 요즘 보기 드문 그런 아이였다. 그래서 내가 이렇게 수정이를 좋아하는지도 모른다. 그저 수정이만 생각하면 즐겁고 행복하다.

내가 학교에 가는 이유는 오로지 수정이를 볼 수 있고, 수업이 끝나면 기수와 함께 포장마차에 들러 떡볶이를 얻어먹을 수 있기 때문이다. 아, 하나 더 있다면 잘난 척하는 호영이와 졸개처럼 졸졸 따라다니는 녀석들을 골려 주거나 때려 주기 위해서이다.

2 형제는 못 말려

내게 하나밖에 없는 형은 이름이 주민수다. 형은 어릴 때부터 액션 영화를 많이 봐서 그런지 늘 싸움을 하고 다녔다. 어머니가 집을 나간 뒤에 형은 동네 아이들과 더 자주 싸웠다. 어머니는 형이 일곱 살 때 집을 나가셨다.

내가 아주 어렸을 때, 아버지는 뚜렷한 직업이 없어 공사판에서 일을 하셨는데 실질적으로 일하는 날보다 쉬는 날이 더 많았다고 한다. 그런데 엎친 데 덮친 격으로 아버지는 자주 술을 마시고 어머니를 때리셨고, 결국 어머니는 견디다 못해 집을 나가셨다.

어머니가 집을 나가시자 아버지는 그 좋아하던 술을 더 이상 입에 대지 않으셨다. 사내 녀석 두 명을 키우는 일이 만만치 않기도 했지만, 그동안 아내가 얼마나 고생을 했는지 뼈저리게 느꼈기 때문이다.

그 뒤 아버지는 택시 회사에 취직을 해서 지금까지 영업용 택시를 운전하고 계신다. 벌이가 넉넉하지 않기 때문에 우리는 지하 전세방에서 살며 겨우겨우 생활하고 있다.

아버지가 일하러 나가시면 집에는 늘 우리 형제만 있었다. 쉬는 날에도 아버지는 부족한 잠을 주무시느라 우리의 생활을 크게 간섭하지 않으셨다. 우리 형제는 자라면서 한시도 떨어진 적이 없었다. 형이 초등학교에서 큰 말썽을 부리기 전까지는 말이다.

민수 형도 나처럼 자주 아이들을 때리고 다녀서 아버지가 치료비를 물어 준 적이 한두 번이 아니었다. 초등학교 고학년이 되자 형은 학교에서 제일 싸움을 잘하는 아이로 소문이 났다. 사실 민수 형보다 힘이 세고 주먹도 센 아이들이 없는 것은 아니었다. 하지만 민수 형은 학교에서 퇴학당한 동네 형들과 어울렸기 때문에 그 형들을 믿고 아이들을 때리고 다녔던 것이다. 아이들은 그 형들이 때릴까 봐 두려워서 감히 민수 형에게 대들지 못했다.

 그러던 어느 날, 민수 형은 돈을 훔치려고 그 형들과 함께 동네 목욕탕으로 갔다. 그 형들이 망을 보는 사이에 민수 형은 손님의 옷장을 뒤졌다. 그러다가 그만 주인아저씨에게 들켜서 꼼짝없이 잡히고 말았다. 결국 그 형들은 모두 도망가고 민수 형만 파출소로 끌려갔다.

 소식을 들은 선생님과 아버지가 파출소로 달려가서 앞으로 아이를 잘 지도하겠다고 약속하자 경찰 아저씨가 말했다.

 "아직 어린이이니까 한 번만 용서해 주겠습니다. 다시는 이런 일이 없도록 주의를 주세요."

 그렇게 해서 겨우 풀려난 민수 형은 그 뒤부터는 나쁜 짓을 하지 않고 보통 아이들처럼 착하게 살아 보려고 노력했다. 하지만 그러한 마음가짐과 달리 불량배 형들이 민수 형을 가만히 내버려 두지 않았다.

 그 형들은 그 뒤에도 걸핏하면 민수 형을 시켜서 아이들 돈을 뺏거나 물건을 훔치게 했다. 그러다가 붙잡히면 자기들은 몰래 도망쳐 버렸다. 그 형들은 사는 곳과 이름이 정확하지 않아서 경찰 아저씨들에게 쉽게 붙잡히지 않았다. 그 형들이 하는 말을 들어 보면 아마 나쁜 어른들하고도 연결되어 있는 것 같았다.

 민수 형의 6학년 담임선생님은 그런 민수 형을 최선을 다해서 지도해 주었다. 아침마다 학급 조회가 시작되기 전에 민수 형을 조용한 곳으로 불러 용돈을 천 원씩 주며 아이들을 괴롭히지 말라고 부탁했다. 담임선생님은 무서운 남자 선생님이었기 때문에 민수 형은 선생님의 말씀을 잘 들었다. 6학년이 된 뒤에는 민수 형이 학교에서 아이들을 괴롭힌 적이 없었다.

 그런데 문제는 학교 밖에서 터졌다. 한밤중에 경찰서에서 전화가 걸려 왔던 것이다.

 "민수 학생 담임선생님이시죠? 지금 보호자와 연락이 안 돼서 그러는데 경찰서로 좀 오셔야겠습니다."

 허겁지겁 경찰서로 달려간 담임선생님에게 경찰 아저씨가 말했다.

 "글쎄, 이 녀석이 술 취한 사람 지갑을 빼앗다가 붙잡혔지 뭡니까?"

 "뭐라고요?"

 "다행히 사람이 안 죽었기에 망정이지, 죽었다면 큰일 날 뻔했습니다."

"세상에! 네가 정말 그런 일을 했단 말이냐?"

"……."

선생님은 너무나도 기막혀 하셨다. 물론 그 일도 나쁜 형들이 뒤에서 시켜서 한 일이었지만 그 형들은 이미 도망가고 없었다.

다음 날 아버지가 부랴부랴 달려와서 경찰 아저씨에게 말했다.

"죽이든 살리든 마음대로 하십시오. 저도 더 이상 어쩔 수 없습니다."

"이 애는 아직 어린아이이기 때문에 형사 입건이 안 됩니다."

"그럼 저더러 어떻게 하란 말입니까? 집에 데려다 놓으면 그 녀석들이 다시 찾아와서 이 애에게 나쁜 짓을 시킬 텐데요. 당신네들이 그것을 막아 주어야 하지 않습니까?"

"아, 물론 그렇지만, 우리 경찰들이 늘 이 아이 옆에 붙어 있을 수는 없지 않습니까? 그 녀석들이 언제 올지 모르는데요."

"그럼 좋습니다. 법적으로는 나이가 어려서 구속이 안 되니까 제가 자진해서 보호소에 보내겠습니다. 집에 있어 봤자 나쁜 녀석들이 계속 찾아올 테니까요. 이 아이가 집에 없으면 그 녀석들도 단념하겠지요."

다음 날, 민수 형은 학교에 가서 여느 때처럼 선생님을 만났다.

"선생님, 저 얼마 뒤에 보호소에 가요. 그래야 형들이 절 찾아오
지 못한대요."

"민수야, 꼭 가야 되겠니? 네가 가기 싫다고 하면 안 가도 되는
데……."

"가고 싶어요. 나쁜 형들을 피해 있는 게 좋을 것 같아요."

며칠 뒤 민수 형은 다시 학교에 가서 소년 보호소에 가기 때문에

선생님께 인사를 드리러 왔다고 말했다. 담임선생님은 만 원짜리 지폐 한 장을 꺼내 주며 민수 형의 손을 꼭 잡았다.

"가다가 배고프면 뭐라도 사 먹어라."

그러고는 끝내 눈물을 흘리셨다.

민수 형은 선생님과 헤어진 후 반 아이들에게는 인사도 하지 않고 곧바로 교문 밖으로 나갔다.

그로부터 한 달도 채 안 되었을 때였다. 아침에 담임선생님이 교실로 들어가려는데 안에서 요란스럽게 떠드는 소리가 들렸다.

"야, 있잖아! 너희들 지금 이렇게 떠드는데, 보호소에서는 말이야 '성찰'하는 소리만 들려도 조용히 눈 감고 앉아 있어야 돼."

보호소에 다녀온 민수 형이 마치 개선장군이나 된 듯 떠들어 댔다.

그 이후 민수 형은 별 탈 없이 졸업을 해서 근처 중학교에 진학했다. 하지만 새 학기가 시작된 지 얼마 안 돼서 민수 형은 또다시 말썽을 부렸고, 학교 가기가 민망해 스스로 학교에 나가지 않았다. 그렇지 않아도 이번에는 나이가 많아 소년원에 들어갈 수밖에 없었다.

그로부터 얼마 후 이상하게도 민수 형의 6학년 때 담임선생님 앞으로 한 통의 이메일이 도착했다.

"선생님, 저 민수인데요. 저 지금 소년원에서 쓰는 거예요. 들키면 큰일 나요. 헉, 누가 온다."

뚱딴지같은 메일이었다. 도대체 소년원에서 어떻게 인터넷을 할 수 있었는지……. 선생님이 곧장 제자를 통해 확인해 보니 중학교에 다니지 않고 소년원에 들어가 있는 것은 분명 민수 형이 맞았다.

3 귀양

내가 학교와 동네에서 아이들과 다투는 일이 많아지고, 민수 형
이 학교에 다니지 않자 아버지의 고민은 이만저만이 아니었다. 강
제로 보내려 해도 민수 형은 학교에 가지 않았다. 아버지는 이전
처럼 우리들을 그냥 놔두었다간 우리가 점점 더 나쁜 길로 들어설
것 같아 매우 염려하셨다. 민수 형이 집에 들어오지 않는 날은 점
점 더 많아졌다. 돈이 어디서 생겼는지 집보다 피시방 같은 데서
지낼 때가 더 많았다.

나는 큰 말썽을 부리지는 않았지만, 민수 형 때문에 동네에서 덩달아 따돌림을 당하는 처지가 되었다. 동네 아주머니들이 아이들을 나하고 놀지 못하게 했던 것이다. 그래서 나도 형처럼 피시방에서 시간을 보낼 때가 많았다. 딱히 할 일도 없었고 학교 공부도 별로 하고 싶지 않았기 때문이다.

결국 내가 초등학교를 졸업하자마자 아버지는 큰 결심을 하셨다. 우리 두 형제를 지리산 산골에 있는 친척 아저씨 집에 보내기로 한 것이다.

"아버지, 거기에 꼭 가야만 해요?"

우리가 묻자 아버지께서 말씀하셨다.

"이놈들아, 너희들이 여기 있어 봤자 언제 사람 구실을 하겠냐? 그리고 민수 너는 학교도 안 다니는데 할 일이 뭐가 있냐?"

형이 말했다.

"그래도 가기 싫어요. 여기서 아버지와 함께 살래요. 공부도 열심히 하고……."

"공부? 너희들이 퍽도 공부하겠다. 거기에 가면 학교 공부 안 해도 된다. 가고 싶어도 학교가 없어서 못 가."

학교도 없고 공부를 안 해도 된다는 말에 나와 민수 형은 귀가 솔깃해졌다. 게다가 아버지의 결심이 워낙 굳었기 때문에 어쩔 수 없이 우리는 그곳으로 가야만 했다.

어느 따뜻한 봄날 아침, 마침내 우리 형제는 집 떠날 준비를 했다. 준비라야 각자의 배낭에 속옷과 양말, 겨울용 점퍼와 청바지 등을 넣는 게 고작이었지만 말이다.

우리는 아버지와 함께 아침 일찍 서둘러 고속버스에 올랐다. 차창 밖으로 펼쳐지는 경치가 눈부시게 아름다워 보였다. 이 시간이 무척이나 행복했다. 우리 세 식구가 이렇게 여행한 일이 여태 한 번도 없었기 때문이다.

한 다섯 시간쯤 지났을까. 우리는 고속버스에서 내리자마자 다시 시외버스를 타고 한 시간을 더 갔다. 그러고는 산골 정류소에 내려서 흙길을 따라 터덜터덜 걸었다. 배 속에서 꼬르륵 하는 소리가 들렸다. 고속도로 휴게소에서 먹은 점심이 금세 소화된 것 같았다.

"아버지, 도대체 언제 도착해요? 왜 이렇게 멀어요?"

내가 이마에 송골송골 맺힌 땀을 손으로 훔치며 말했다.

"인마, 아직 멀었다. 사내 녀석이 엄살은……. 이 아버지는 군대에 있을 때 이보다 훨씬 더 먼 길을, 그것도 완전군장 차림으로 행군했어. 너희들도 고생 좀 해 봐야 이 아비 마음을 알 거다."

해가 뉘엿뉘엿 넘어갈 무렵이 되어서야 아버지는 징징대고 불평하는 두 아들을 데리고 마을에 들어설 수 있었다.

"아이고, 이게 누군가? 동생 아닌가? 오느라고 참말로 고생이 많았다."

"얘들아, 인사해라. 내가 서울에서 말하던 그 아저씨다."

"안녕하세요?"

우리가 인사를 드리자 아저씨께서 말씀하셨다.

"오냐. 네가 민수고 네가 유수냐? 우리 주씨 집안의 아들들이 이렇게 훌륭하게 컸구나."

"훌륭하긴요. 워낙 말썽을 많이 부려서 제가 형님께 맡기려는 게 아닙니까? 삼 년 동안만 데리고 있으면서 사람 좀 만들어 주세요."

"……."

아저씨는 아버지의 사촌 형이었다. 비록 산골에 살고 계시지만 서울에서 대학 나온 사람보다 더 아는 것이 많았다. 한문 실력으로 따지자면 아마 한문을 전공한 교수님들만큼이나 많이 아실 것이다. 아저씨는 어려서부터 할아버지한테 줄곧 한문만 배웠기 때문에 그렇게 잘 아는 것이라 했다. 할아버지는 증조할아버지한테, 증조할아버지는 고조할아버지한테 배우는 식으로 학문의 전통이 이어져 내려온 것이다.

아저씨에게도 우리 같은 아들 두 명이 있었다. 그중에 큰아들은 이곳에 살면서 학교도 다니지 않고 자랐지만 지금은 서울에서 제일가는 대학교의 장학생이라고 했다. 그 일 때문에 아저씨는 한때 신문과 방송에 크게 보도된 적도 있었다. 아저씨에게 특별한 교육 방법이 있다는 것이 화제가 되었던 것이다.

아저씨의 또 한 아들은 내 나이 또래였다. 그 아이 역시 학교에 다니지 않고 집안일을 돌보며 틈나는 대로 아저씨에게 글을 배우고 있었다. 그 아이가 학교에 다니지 않는 이유는 이곳이 워낙 산골이어서 가까운 곳에 다닐 만한 학교가 없었기 때문이다.

잠시 후, 머리를 길게 땋고 저고리를 입은 한 소년이 아버지께 다가와 두 손을 모으고 공손히 인사했다.

"당숙님, 먼 길을 오시느라 얼마나 노고가 많으셨습니까? 저는 태극이라 하옵니다."

"하하, 의젓하기도 하지. 많이 컸구나."

우리는 인사를 나누고 방으로 들어갔다.

집은 위채와 아래채로 나뉘어 있었다. 위채는 방 두 개와 부엌이 딸린 세 칸짜리 집이었고, 아래채는 방 하나와 헛간, 그리고 화장실과 외양간이 딸린 네 칸짜리 집이었다. 위채의 안방은 아주머니가 주무시는 방이었고 작은 방은 태극이의 방, 그리고 아래채의 방은 공부방 겸 아저씨의 방이었다.

이미 날이 저물었기 때문에 아저씨는 등잔에 불을 밝혔다. 요즘에는 산골 마을이라도 웬만한 데는 전기와 전화가 들어오지만 여기는 워낙 깊은 산골인 데다 집이라고는 한 집밖에 없었기 때문에 전기가 들어오지 않았다. 그야말로 옛날식으로 살 수 밖에 없었다.

등잔불을 켜자 우리는 비로소 낯선 곳에 왔다는 걸 실감할 수 있었다. 주변을 둘러보니 텔레비전은 물론 전화나 냉장고 같은 것도

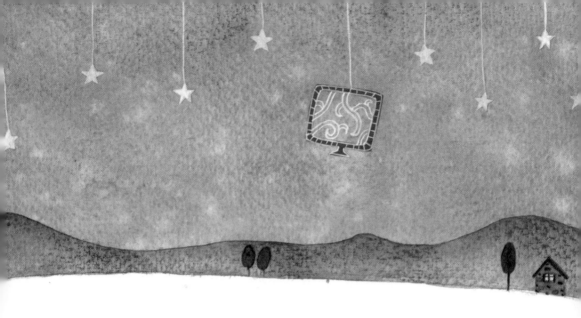

찾아볼 수 없었다. 라디오가 한 대 있기는 했지만 좀처럼 켜지 않
는 것 같았다.

밤이 깊어지자 집 밖은 등불 없이 한 발자국도 나갈 수 없을 만
큼 칠흑 같은 어둠에 휩싸였다. 하늘에는 수많은 별들이 떠 있었
고, 숲 속에서는 짐승들이 울부짖는 소리가 들려왔다.

불을 끄고 누웠지만 나는 잠이 오지 않았다. 태극이와 민수 형은
벌써 잠이 들었는지 새근새근 숨소리가 들렸다. 나는 어둠 속에서
두 눈만 껌뻑이며 지난 일들을 생각했다.

'기수는 지금쯤 무얼 하고 있을까? 아마 컴퓨터 게임이나 인터
넷을 하고 있겠지? 그리고 수정이는 공부를 할 것이고…….'

생각이 꼬리를 물고 이어지다가 어느새 나도 모르게 스르르 잠

이 들었다.

아침이 밝아 올 무렵 갑자기 바깥에서 시끌벅적한 소리가 들렸다. 이른 아침인데도 벌써 다들 일어나 분주히 움직이고 있었다. 산골 사람들은 도시 사람들보다 잠이 없는 것 같다는 생각이 들었다. 그런데 나중에 알고 보니 그게 아니었다. 저녁에 텔레비전이나 컴퓨터를 보지 않고 일찍 잠자리에 들기 때문에 일찍 일어나는 것뿐이었다.

그 순간 아래채에서 알아듣지 못할 소리가 들려왔다.

아저씨가 먼저 '대학지도는 재명명덕하고 재신민하고 재지어지선이니라' 라고 말하자, 이어서 태극이가 '대학지도는 재명명덕하고 재신민하고 재지어지선이니라' 하고 따라 했다.

눈을 돌려 보니 민수 형은 아직도 자고 있었다. 내가 흔들어 깨웠지만 형은 좀처럼 일어나지 않았다. 내가 계속 깨우자 형은 짜증 난다는 듯한 태도로 겨우 일어나 앉았다.

"형, 우리가 너무 많이 잤나 봐. 식구들이 벌써 일어났어. 근데 밖에 나가 봐야 할까, 여기에 좀 더 있어야 할까?"

내가 말하자 민수 형이 대답했다.

"야, 오줌 마려워서 안 되겠다. 나가자!"

우리가 밖으로 나가자 마침 부엌에서 나오던 아주머니가 말씀하셨다.

"인자 일어났나? 저기 있는 물로 세수하고 아침밥 묵자. 오늘은 와 이리 늦었노. 참말로."

'아니, 이렇게 일찍 아침밥을 먹는다고? 그건 그렇고 아버지는 어딜 가셨지?'

나는 그렇게 생각하며 아주머니께 여쭈어 보았다.

"아주머니, 저희 아버지는 어디 가셨어요?"

"아버지 말이가? 좀 있다가 말할라꼬 했는데, 아침 일찍 서울로 올라갔데이. 아마 너희들하고 헤어지기 싫어서 조용히 떠나신 모양이데이."

아버지는 아마 우리가 여기에서 살지 않겠다고 할까 봐 몰래 가셨을 것이다. 분명 치밀한 작전이었다. 그렇게 생각하니 아버지께 좀 야속한 마음이 들었다.

우리는 벌건 고무로 된 세숫대야에 물을 담아 세수하고 방으로 들어가 아침을 먹었다. 썩 내키는 반찬은 없었지만 이것저것 먹어 보니 그런 대로 먹을 만했다.

식사가 끝나자 아저씨가 아래채에 있는 공부방으로 우리를 불렀다.

"잘 듣거라. 오늘부터 너희 형제는 내가 가르치겠다. 물론 먹여 주고 재워는 주겠다만 그건 절대로 공짜가 아니다. 너희들은 내가 정해 준 시간표에 따라 일도 하고 공부도 해야 한다. 너희 아버지랑 약속했기 때문에 내 말이 곧 너희 아버지 말이고 동시에 스승의 말이라고 생각해야 한다. 알았나?"

"네."

우리는 힘없이 대답했다.

"내일부터 아침 일찍 일어나 마당을 깨끗이 쓸어야 한다. 마당을 쓸 때에는 먼지가 나지 않도록 물을 뿌리거라. 그리고 그 일이 끝나면 마루를 물걸레로 닦고 세수를 하도록 해라. 그러고 나서 나와 같이 매일 오전에 한 시간씩 공부해야 한다. 공부할 내용은 모두 한문이다. 수업이 끝나면 오전에는 밭에 나가 일을 하고 오후에는 태극이와 같이 산에 가서 산나물을 뜯거나 약초를 캐거나 버섯을 따야 한다. 그리고 돌아와 다시 공부를 한 시간 하고 9시 전에 잠을 자야 한다. 이게 평상시 일과 내용이다. 잘할 수 있겠지?"

"네."

우리는 무조건 '네' 라고 대답할 수밖에 없었다.

4 주자를 아는가

다음 날 오전, 우리는 밭으로 나갔다. 아직 이른 봄이어서 밭에는 곡식이 심어져 있지 않았다. 그런데 왜 아저씨가 우리에게 호미와 바구니를 들고 오라고 했는지 알 수 없었다.

"아직 이른 봄이라 밭에서 할 일은 없다. 오늘은 단지 시골의 맛을 보여 주기 위해서 너희들을 데리고 나온 것이다. 잘 봐라. 이건 냉이고, 이건 달래란다."

아저씨는 그렇게 말하며 풀 같은 것을 호미로 캐서 보여 주었다.

언뜻 보아도 두 가지가 서로 다르게 생겼다는 것을 알 수 있었다. 냉이는 여러 개의 잎에 크고 작은 뿌리가 달려 있었고, 달래는 한두 가닥의 잎에 수염처럼 작은 뿌리가 양파처럼 여러 가닥 달려 있었다.

옆에 있던 태극이가 끼어들었다.

"냉이는 쌍떡잎식물이고, 달래는 외떡잎식물이야. 냉이는 잎이 그물맥이고 뿌리에는 원뿌리와 곁뿌리가 있어. 반면에 달래는 잎이 나란한 맥이고 수염뿌리야."

'아니 학교도 안 다니는 녀석이 어떻게 우리보다 더 많이 알지? 별꼴이다. 에이, 학교 다닐 때 열심히 공부했다면 이런 망신을 당하지 않았을 텐데……'

나는 잠시 후회했지만 이제 와서 그래 봐야 소용없는 일이었다. 그러나 쌍떡잎식물, 외떡잎식물은 몰라도 뭐가 냉이고 뭐가 달래인지는 구별할 수 있을 것 같았다.

"각자 자기 바구니에 냉이와 달래를 캐서 가득 담아야 한다. 이것이 오늘 오전에 너희들이 해야 할 과제다."

아저씨는 그렇게 말씀하시고 어디론가 가 버렸다. 태극이도 아저씨와 함께 어디론가 사라져 버렸다.

"형, 이거 한 바구니 다 못 캐면 정말 점심도 안 주는 것 아냐?"

"설마…… 공짜가 아니라고 했지만 그건 괜히 우리보고 게으름 피우지 말라고 하신 말씀일 거야. 대충 하면 되겠지, 뭐."

나는 얼굴에 땀방울이 맺히는 줄도 모르고 냉이와 달래를 열심히 캤다. 하지만 민수 형은 캐는 둥 마는 둥 성의 없이 대충 했다. 다른 날 같으면 오전 시간이 쉽게 지나갔을 텐데 오늘은 시간이 멈춘 것만 같았다. 민수 형도 나와 같은 심정이었는지 땅이 꺼질 듯 한숨만 내쉬고 있었다.

하지만 쥐가 소금을 먹어도 줄어드는 법! 점심때가 가까워지자 내 바구니는 푸른 봄나물로 가득 찼다. 반면에 민수 형의 바구니는 아직 절반도 차지 않았다.

멀리서 태극이가 점심을 먹으러 오라고 손짓했다. 가장 기다렸던 순간이었다. 우리는 바구니를 들고 단숨에 집으로 달려갔다. 아저씨가 기다리고 있다가 내 바구니를 보고는 고개를 끄덕이셨다. 하지만 민수 형의 바구니를 보고는 알아들을 수 없는 말씀을 하셨다.

"주자님 말씀에 '소년이로 학난성이니 일촌광음 불가경이라' 했거늘 너는 오늘 오전 시간을 헛되이 낭비했구나. 오늘 점심은 절

반으로 줄이겠다."

모든 식구가 찐 고구마 두 개로 끼니를 때웠는데 민수 형은 한 개밖에 먹을 수 없었다. 아저씨가 말씀하셨다.

"여기는 산골이라 논이 없다. 논이 없다는 것이 무슨 뜻인지 아느냐? 쌀이 생산되지 않는다는 말이다. 그래서 약초나 버섯 등을 캐다 팔아서 그 돈으로 쌀을 사 온다. 그렇게 하는 것은 결코 쉬운 일이 아니다. 그래서 점심은 밭에서 나는 고구마나 감자로 해결하는 것이다. 여기에 온 이상 너희들도 점심은 그렇게 먹어야 한다. 알겠느냐?"

"예."

우리는 어쩔 수 없이 고구마로 점심을 때울 수밖에 없었다.

오후에는 모두 산나물을 따러 뒷산으로 올라갔다. 땅에서 솟아난 나물을 캐기도 하고 나뭇가지에 돋아난 새순을 따기도 했다. 물론 우리 형제는 어느 것을 따야 할지 몰라서 태극이가 따는 모습을 구경하기만 했다.

산나물을 찾아 여기저기 헤집고 다니던 우리는 지쳐서 잠시 바위에 앉아 쉬었다. 민수 형이 태극이에게 물었다.

"만날 이렇게 살면 따분하지 않니?"

"뭐가?"

"우리가 살던 서울에는 피시방, 오락실 같은 곳도 있고 극장, 텔레비전, 휴대전화도 있어. 그런데 여기는 전기도 들어오지 않아서 세상이 어떻게 돌아가는지 통 모르고 살잖아. 그러니 갑갑하지 않느냐고?"

"아니! 나는 낮에는 일하고 밤에는 아버지한테서 글을 배우느라고 전혀 따분할 새가 없어. 배우는 게 모두 성인의 말씀이니까 재미도 있고."

"성인의 말씀이라고? 아까 내가 나물을 조금밖에 못 캤다고 아저씨가 야단칠 때 '주자님 말씀' 어쩌고 하던데, 그럼 그 주자님도 성인이야?"

"그렇다고 할 수 있지. 주자는 성인의 말씀을 해석해서 잘 전달한 분이야. 민수 형은 그 유명한 주자도 모르나 보지?"

"내가 주자를 어떻게 아냐?"

민수 형이 퉁명스럽게 말하자 태극이는 한심하다는 듯 대꾸했다.

"우리 집안이 주자(朱子)의 후손 집안인데 그것도 몰라? 주자는 원래 주희(朱熹)라는 분이야. 주씨 성 뒤에 붙는 '자(子)'라는 글자는 유명한 선생님 이름 뒤에만 붙이는 거야. 가령 공자, 맹자, 노자…… 이렇게 말이야."

"야, 잘난 척하지 마. 우리 엄마 이름도 명자고, 이모는 춘자, 고모는 금자다. 뭐 '자' 자가 유명한 선생 이름 뒤에 붙이는 글자라고?"

"한때 여자들 이름 끝 자에 '자' 자를 많이 쓴 적도 있었어. 그것은 일제의 영향 때문이지, 주자하고는 전혀 상관이 없어. 주자는 송나라 때 성리학을 완성한 학자야. 그분의 후손들이 조선시대 때 우리나라에 와서 귀화해 살았는데 그들이 바로 우리 조상들인 거야."

"참 아는 것도 많다. 그래 송나라 때 유명하면 유명했지, 그게 우리하고 무슨 상관이 있다고 내가 나물 좀 적게 캔 걸 갖고 그분 말씀까지 들먹거리냐?"

"그건 형이 잘 몰라서 그래. 조선시대 때 학자들이 공부한 책이 무슨 책인지 알아? 대부분 주자가 해석한 책이야. 그 책이 바로 과거 시험을 위한 교과서였어. 그러니까 우리 선조들은 주자의 학문으로 조선이라는 나라를 오백 년 동안이나 다스렸다는 말이야. 조선시대에만 그랬나? 지금도 주자의 생각은 많은 한국 사람들의 머릿속에 들어 있어. 나는 물론이고 형네 아빠나 엄마, 심지어는 형의 머릿속에도 주자의 생각이 들어 있다고."

"뭐라고? 내 머릿속에 주자의 생각이 들어 있다고?"

"그래. 우리하고 같이 살다 보면 알게 될 거야."

"좋다. 그건 그렇다 치고, 아까 아저씨가 중얼거린 말은 무슨 말이냐?"

"아, 그거. 주자 시의 일부분을 한문으로 읽은 거야. '소년은 쉽게 늙어 가고 학문은 이루기 어려우니 비록 짧은 한순간이라도 가벼이 여겨서는 안 된다' 는 뜻이지. 형이 열심히 일하지 않고 게으름 피운 것을 두고 한 말이야."

"쳇, 난 또 뭐라고."

민수 형은 투덜거리며 자리에서 일어났다.

주희와 성리학

주희(朱熹)

　주희(朱熹, 1130~1200)는 중국 남송 때의 유학자이며 사상가입니다. 주희는 한때 관직 생활을 한 적도 있습니다만, 주로 책을 편찬하거나 제자들을 길러 내는 교육 활동에 전념하였습니다. 11세 때 아버지를 여읜 주희는 세 사람의 스승 밑에서 생활하며 학문을 배웠습니다. 마침내 19세 때 과거 시험에 합격했는데, 330명 중 278등으로 그다지 좋은 성적은 아니었습니다. 아마 과거 시험에는 큰 뜻을 두지 않았나 봅니다. 20세 이후에 주희는 과거 공부에서 벗어나 많은 책을 읽습니다. 그리고 24세 때 최초의 관직인 동안현 주부로 부임하던 중 학문적 스승인 이동을 만나게 됩니다. 28세 때 관직의 임기가 만료된 후 50세 남강군 지사로 임명될 때까지 주희는 줄곧 학문과 저술 활동에 몰두합니다. 물론 그사이 스승의 가르침과 스스로 공부한 것도 있고, 친구인 장식의 영향도 받습니다. 이렇게 할 수 있었던 것은 당시 조정에서 벼슬이 없는 선비들을 우대하기 위해 일종의 보조금을 지급하는 사록관(祠祿官)에 임명되었기 때문입니다. 그 후 주희는 잠시 관직에 있었으나 주로 교육과 저술, 학문 연구에 힘썼습니다. 관직 생활은 겨우 9년, 조정에서 근무한 것은 고작 40일에 불과했습니다. 그러니까 71세의 나이로 죽을 때까지 학문 연구와 서적 편찬, 그리고 교육 활동에 전념했다고 말할 수 있습니다.

주희의 친구로는 장식(남헌), 여조겸(동래) 등이 있었고, 그가 가르친 제자의 수는 8~9백 명이었으며, 한 번이라도 그에게 가서 공부한 사람을 합친다면 2~3천 명에 달한다고 합니다. 주희의 교육 방법은 강의하는 시간보다 실천하는 시간이 많다는 것입니다. 무엇이든지 배우는 사람이 직접 부딪히고 몸소 생각하며 몸과 마음을 닦는 것이 가장 중요하다고 보았습니다. 책도 스스로 읽고 도리도 스스로 깨달아야 합니다. 주희 자신은 그저 길 안내자이며 같이 참가하는 사람에 불과할 뿐이며, 의문점에 대해 함께 생각해 본다고만 하였습니다.

주희는 이렇게 독서와 사색, 강론 및 토론과 논쟁을 통하여 학문을 완성해 갔습니다. 결과적으로 이전 선배들의 유학을 이어받고 자신의 독창적인 사상을 첨가하여 이전과 다른 새로운 유학을 탄생시켰는데, 이것을 '신유학(新儒學)'이라 부릅니다. 후에 그를 높여서 '주자(朱子)'라고 불렀는데, 주(朱)씨 성을 가진 위대한 스승이라는 뜻입니다.

조선에서는 이렇게 성 뒤에 자(子)를 붙이는 사람이 없었습니다. 다

만 조선 후기 송시열의 제자들이 그의 스승을 높여 송자(朱子)라고 부르기도 했지만, 대부분은 '선생'이라는 말을 붙여 높였습니다.

주자가 남긴 대부분의 책들은 이후 중국이나 조선에서 공부하는 선비들의 교과서가 되었고, 과거 시험을 보려면 주회의 책으로 공부하지 않을 수 없었습니다. 주자학의 전성기가 도래한 것이지요. 조선 후기에 오면 주자학을 비방하거나 잘못 전해도 '사문난적'이라 하여 큰 고초나 박해를 당했습니다. 권력의 상징이 된 것이지요. 이처럼 우리의 전통적 사회제도나 관습이 주자의 사상에 의하여 이루어졌기 때문에, 오늘날 우리의 관습이나 생각 속에도 그 흔적이 남아 있는 것입니다.

성리학과 주자학

보통 주자의 학문을 주자학(朱子學)이라 부릅니다. 주자학은 주자에 의하여 독창적으로 만들어진 것이 아니고, 주자 이전의 선배들이 다져 놓은 학문을 바탕으로 이루어졌습니다. 특히 정자(程子, 정호와 정이 형제)의 유학을 많이 이어받았는데, 세상 사람들은 정자와 주자의 학문을 합쳐 정주학(程朱學)이라고 부릅니다. 정주학이 탄생하는 데 중요한 역할을 한 유학자들이 또 있었습니다. 이들은 장재(횡거)와 소옹(강절), 그리고 주돈이(염계)입니다. 정자(정호와 정이)와 이들 세 명을 합쳐 북송의 다섯 선생이라 일컫습니다. 그러니까 주자의 학문은 정자의 학문을 기본 바탕으로 하여 주돈이의 우주 설명 방식, 장재의 기(氣)의 변화 사상, 소옹의 수(數)에 관한 북송 유학자들의 전통을 이어받고, 또 동시대의 스승이나 친구들의 학문의 영향을 받아 탄생하였다고 말할 수 있습니다. 그래서 이 당시의 유학을 통틀어 송학(宋學)이라고도 합니다.

성리학이라는 말은 원래 정자의 '성품이 곧 이치이다' 라는 '성즉리(性卽理)' 란 말에 근거하고 있는데, 인간의 본래 성품이 곧 하늘의 이치라는 것입니다. 주자가 이것을 철학적으로 명확하게 하여 완성시켰기 때문에 주자가 완성한 학문을 성리학이라고도 부릅니다. 또 후대에 와서 리(理)를 강조하다 보니 그냥 리학(理學)이라고도 불렀습니다.

송학, 정주학, 성리학, 주자학, 리학은 조금씩 다르기는 하지만, 모두 뭉뚱그려 같은 뜻으로 사용되고 있습니다. 특히 조선에서의 성리학을 말할 때는 주자학과 같은 뜻으로 사용하고 있습니다. 즉 퇴계나 율곡 선생이 연구한 성리학이 곧 주자학인데, 이는 주자학을 좀 더 깊이 있게 발전시킨 것이라 말할 수 있습니다.

성리학은 공자와 맹자의 전통도 잇고 있기 때문에 인간의 현실적인 삶을 중요시하고 있습니다. 다른 종교와 달리 신을 숭배하거나 죽은 뒤의 문제를 다루지 않습니다. 그래서 성리학도 공자와 맹자의 정신과 같이 정치, 교육, 사회, 윤리 도덕의 문제에 관심을 두었습니다.

2

나와 우주는 하나

 정신일도 하사불성(精神一到 何事不成)_정신을 하나로 집중하면,
무슨 일이든 할 수 있다.

－주희

1 형우제공

"이건 아버지 말과 다르잖아? 분명히 학교가 없어서 공부를 안 해도 된다고 했는데……."

민수 형이 아침부터 투덜댔다. 매일 새벽에 일어나 아저씨와 함께 공부를 해야 했기 때문이다.

아저씨는 우리 형제들의 한문 실력이 낮기 때문에 쉬운 《사자소학》부터 공부하자고 했다. 그런데 한자를 쓰는 법은 가르쳐 주지 않고 그냥 소리 내어 읽고 뜻을 익히는 것부터 가르쳐 주셨다.

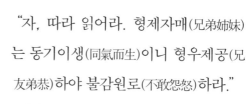

"자, 따라 읽어라. 형제자매(兄弟姉妹)
는 동기이생(同氣而生)이니 형우제공(兄
友弟恭)하야 불감원로(不敢怨怒)하라."

"형제자매는 동기이생이니 형우제공
하야 불감원로하라."

우리는 큰 소리로 따라 읽었다.

"이게 무슨 뜻인고 하니, '형제자
매는 같은 부모의 기운으로 태어났으
니 형은 동생을 사랑하고 동생은 형을 공경
하되 감히 동생이 형을 원망하거나 형이 동생에
게 화를 내어서는 안 된다' 는 말이다. 내가 이 말을
제일 먼저 가르치는 것은, 지금 여기에 부모님이 안 계
시고 너희 두 형제만 있기 때문이다. 그러니 이 말을 잘 실천
하기 바란다."

평소 불만이 많았던 형이 아저씨께 다소 퉁명스럽게 질문했다.

"왜 형제끼리만 잘 지내야 해요? 다른 사람하고도 잘 지내면 안
돼요?"

"다른 사람이란 누구를 말하느냐?"

"그야, 친구도 있고 이웃 사람들도 있고 주변 사람들도 있지요?"

형이 자신 있게 말하자 아저씨가 대답했다.

"그래. 네 말대로 우리 주변에는 많은 사람들이 있지. 물론 그 사람들하고 잘 지내는 것도 중요하다. 그러나 형제가 서로 사랑하고 공경하는 것은 천리(天理), 곧 하늘이 정한 이치다. 우리가 사람이라면 어찌 천리를 어길 수 있겠느냐? 형제끼리 잘 지내는 것이 먼저이고 남과 잘 지내는 것은 그다음 일이다."

아마 나 같으면 여기서 '네, 알겠습니다' 하고 물러섰을 것이다. 하지만 민수 형은 또다시 따지듯 말했다.

"요즘 사람들은 자기 가족끼리만 잘 먹고 잘살려 하고, 남이야 어떻게 되든 상관하지 않는 경우가 많아요. 형제끼리만 서로 잘해 주는 것이 하늘이 정한 이치라면 저는 그런 이치를 따를 필요가 없다고 생각하는데요."

아저씨의 목소리가 점점 커져 갔다.

"네가 얼마나 안다고 함부로 천리를 들먹거리느냐? 요즘 어떤 가족들은 부모의 유산 문제로 형제가 서로 다투어서 남보다 더 나쁜 사이로 살아가는 사람들이 있다. 잘사는 사람들이 더한다고 하더라. 그래, 그런 모습이 좋아 보이느냐? 자기 형제끼리 원수처럼 지내면서 어떻게 남과 친하게 지낼 수 있으며 어떻게 국가와 민족과 인류를 위할 수 있겠느냐? 그건 말이 안 되느니라. 형제들끼리만 잘 지내라는 말이 아니다. 내 말은 형제와 잘 지내는 것이 남과 잘 지내는 것보다 먼저 해야 할 일이라는 말이다."

민수 형은 더 이상 말을 잇지 못했다. 그렇다고 완전히 자기 생각이 잘못되었다고 인정하지도 않았다.

아저씨는 형의 마음이 상했을까 봐 다시 조용히 말씀하셨다.

"내가 조금 흥분했다만, 네가 천리를 깨달으면 내 말을 잘 이해할 수 있을 것이다. 천리가 없는 곳은 없다. 네 마음속에도 있고 우리 눈에 보이는 모든 물건 속에도 있다. 부지런히 공부하면 천리가 무엇인지 깨닫게 될 것이다. 오늘부터는 일을 일로만 생각하지 말고 공부라고 생각해라. 어찌 책상 앞에 앉아서 하는 글공부만 공부이겠느냐?"

아저씨의 말씀을 듣고 나는 많은 생각을 했다. 전에 분명히 아버지는 이곳에 오면 학교가 없어서 공부를 하지 않아도 된다고 하셨다. 그런데 아저씨는 모든 것이 천리를 깨닫는 공부라고 하지 않는가. 여기까지 와서 또 공부를 해야 하다니.

하지만 여기서 하는 공부는 학교에서 시험을 잘 보기 위해 하는 것과는 많이 다른 것 같아 마음이 조금 편했다. 아버지도 어머니도 없이 친척 집에 와 있는 우리에게 형제끼리 잘 지내라고만 하시니 얼마나 좋은가. 그것이 천리라고 하니까 천리가 뭔지 조금씩 궁금해지기 시작했다.

새벽부터 큰 논쟁을 벌여서 그런지 아침 식사 분위기가 영 말이 아니었다. 특히 아저씨와 민수 형은 아무 말도 하지 않고 밥만 드셨다. 그 때문인지 아주머니께서 형에게 자꾸 말을 걸었다.

"민수야, 이거 묵어 봐라. 엄청 맛있데이. 요즘 도시 사람들은 거 뭐라노? 아, 웰빙이다 유기농이다 해서 깨끗하고 오염이 덜 된 것만 먹는다하데. 여기서 나는 것들은 일부러 찾지 않아도 죄다 유기농보다 더 좋은 거데이. 여긴 산골이라 해충이 없어서 채소나 곡식에 농약도 안 주고. 자, 이 산나물하고 약초하고 버섯도 좀 먹어 보래이."

형은 그냥 '네' 하고 짧게 대답했다. 나는 어색한 분위기를 없애기 위해 아주머니께 일부러 큰 소리로 말했다.

"아주머니 솜씨가 좋아서 더 맛있어요. 전 서울에 살 때 라면이랑 떡볶이를 좋아했는데요, 이제는 산골 음식이 더 맛있는 것 같아요."

"야, 산골 음식이 그렇게 좋으면 스님이나 돼라. 산나물이랑 웰빙 음식 실컷 먹을 수 있을 테니까."

입 다물고 있던 민수 형이 말했다. 그러자 태극이가 대꾸했다.

"스님은 아무나 되는 줄 알아? 아마 유수는 공부하기 싫어서 스님 안 된다고 할 걸. 스님들이 얼마나 공부를 많이 하는데……."

내가 맞장구를 쳤다.

"맞아. 난 공부는 딱 질색이야."

"하하하, 호호호."

어색했던 분위기가 금방 환해졌다.

우리 형제가 처음 이곳에 왔을 때에는 이미 도시의 달콤한 음식에 익숙해져 있어서 산골에서 난 재료로만 만든 음식을 먹기가 힘들었다. 산골 음식은 처음에는 쌉쌀하니 쓴맛이 나서 먹기가 힘들었지만 먹을수록 점점 감칠맛이 나고 향기가 입가에 감돌았다. 하지만 이 산골에는 음식이 풍족하지 않아서 조금씩 먹어야 했고 특별히 먹을 수 있는 간식거리도 없었다. 이렇게 우리는 차츰 산골 생활에 길들여져 갔다.

2 나와 우주는 하나

봄이 한창 무르익었다.

산벚나무 꽃이 온 산을 덮는가 싶더니 이제는 송홧가루가 날리고, 아카시아 꽃향기가 바람을 타고 날아왔다. 꿀벌들은 열심히 꿀을 찾아 윙윙거리고, 앞산과 뒷산에서는 새들이 지저귀는 소리가 메아리쳐 들려왔다. 아침에는 꿩이 울고 밤이 되면 소쩍새가 울었다. 뻐꾸기도 질세라 여기저기서 뻐꾹뻐꾹 자신의 예쁜 목소리를 들려주었다.

서울에 있을 때는 우리 형제도 자주 늦잠을 자곤 했으나 이 산골에 와서는 일찍 일어났다. 새소리가 우리의 잠을 깨웠던 것이다. 산골의 아침은 도시보다 일찍 찾아왔다. 저녁밥을 먹고 공부를 한 뒤 바로 잠자리에 들기 때문에 일찍 눈이 떠지는 것이었다.

오늘 아침에는 '인의예지(仁義禮智)는 인륜지강(人倫之綱)이다' 라는 말을 배웠다. 이 말은 '인의예지는 인간의 도리 중에 가장 중요한 것이다' 라는 뜻이었다.

도무지 무슨 소린지 아리송하기만 했다. 인의예지가 인간의 도리 중에 가장 중요한 것이라고? 그런데 더 아리송한 것은 그 인의예지가 천리라는 것이었다. 천리가 인간의 마음속에도 있다는 말인가?

도대체 천리란 무엇을 말하는 것인지 알 수가 없었다. 서울에 있을 때 크리스마스가 되면 교회에서 선물을 준다고 해서 가끔 아이들을 따라 교회에 간 적이 있었다. 거기서 '천국' 이니 '하늘나라' 니 하는 말을 들은 적이 있었지만 천리라는 말은 처음 듣는 말이었다.

아침밥을 먹고 우리는 밭으로 일을 하러 나갔다. 오늘은 밭에 옥수수 씨앗을 심는 날이었다. 며칠 전에 아저씨는 밭에 퇴비를 뿌리고 괭이로 땅을 고르게 하여 이랑을 잘 만들어 놓았다. 그래서 우리는 오늘 씨앗만 뿌리면 되었다.

옥수수 씨앗은 다른 씨앗에 비해 크기 때문에 흩어 뿌리지 않고 그냥 이랑을 따라 조그만 구멍을 내고 거기에 두세 알씩 심으면 되었다. 씨앗을 두세 알씩 심는 이유는 싹이 트지 않거나 새나 벌레가 파먹을 경우에 대비해서 싹을 하나라도 남기려고 그러는 것이었다. 두세 알 모두 싹이 트면 그 가운데 약한 것들은 솎아 낸다고 했다.

일을 하면서도 민수 형은 무언가를 골똘히 생각하고 있었다. 그건 민수 형에게 새로 생긴 습관이었다. 이 산골에 온 뒤부터 민수 형은 말수가 부쩍 줄어들었다. 로빈슨 크루소가 무인도에서 혼자 살 때 자기 자신과 대화했듯 민수 형도 그런 것 같았다. 나는 내 또래인 태극이하고 더 많이 이야기했고, 아저씨와 아주머니도 형과 별로 얘기할 일이 없었기 때문에 형은 더 말이 없어진 것 같았다.

나는 형에게 살며시 다가가 물었다.

"형, 무슨 생각을 그렇게 해?"

"응, 별 거 아냐."

"뭔데?"

"아침에 아저씨께 배운 걸 생각하고 있었어. 형제를 사랑하는 것도 천리이고 인의예지라는 것도 천리라고 하셨잖아. 넌 천리가 뭐라고 생각하니?"

"난 모르니까 묻지 마. 그건 너무 어려운 말이야."

그때 아주머니가 밭 가장자리에서 우리를 부르셨다. 좀처럼 새참을 먹고 일한 적이 없었는데 오늘은 특별히 아주머니께서 새참을 가지고 오신 것이다. 쑥을 쌀가루에 버무려 찐 것이 떡 같기도 하고 아닌 것 같기도 했다. 처음 먹어 보는 음식이지만 맛이 좋았다.

"오늘은 밭에 씨앗을 뿌리는 날이라 특별히 준비했데이. 아마 서울에서는 이런 음식 못 묵어 봤을걸? 피자나 햄버거처럼 맛날지는 모르지만도……."

"맛있어요, 아주머니. 요즘에는 웰빙 식품이라 해서 일부러 이런 음식을 찾는 사람도 있대요."

내가 친절하게 말하자 아주머니가 싹싹하다고 칭찬해 주며 더 먹으라고 권했다.

"그래, 사람들이 천리를 어기고 인스턴트식품이니 패스트푸드니 하는 것들을 자기 마음대로 먹고 생활하니까 건강하지도 못하고 행복하지도 않은 거다. 그래서 웰빙이니 뭐니 몸에 좋다는 것을

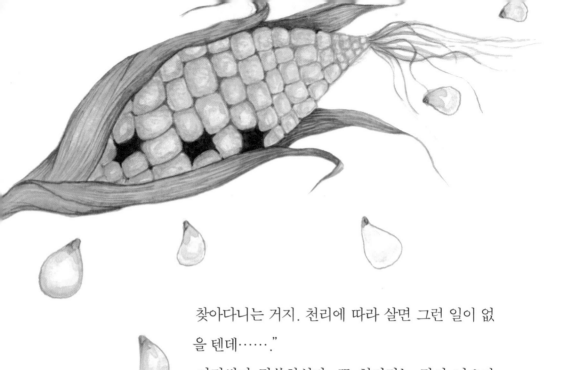

찾아다니는 거지. 천리에 따라 살면 그런 일이 없을 텐데……."

아저씨가 말씀하셨다. 또 천리라는 말이 나오자 민수 형은 귀가 솔깃해져서 그 말을 유심히 들었다.

새참을 먹고 나서 우리는 다시 옥수수 씨앗을 심기 시작했다. 얼마 뒤 옥수수 씨앗을 다 심자 아저씨가 넓은 밭을 바라보며 말씀하셨다.

"콩 심은 데 콩 나고 팥 심은 데 팥 나듯이, 우리가 옥수수를 심었으니 여기서 옥수수가 자랄 거다. 그것이 천리다. 만일 그냥 내버려 두면 옥수수가 열리겠니? 벌레도 잡아 주고 잡초도 뽑아 주고 거름도 주어서 잘 가꾸어야 옥수수를

얻을 수 있을 게다. 이렇게 옥수수를 가꾸듯이 우리의 마음을 잘 가꾸어야 마음속에 있는 인의예지라는 천리가 잘 발휘될 것이다."

우리는 집으로 돌아와 점심을 맛있게 먹었다. 오전에 힘들게 일했기 때문에 오후 시간은 자유로웠다.

하지만 산골이라 딱히 할 일이 없었다. 도시 같으면 피시방이나 오락실에 가거나 아니면 텔레비전이라도 보았을 텐데, 여기서는 낮잠을 자거나 책을 읽거나 아니면 산이나 들에 가서 노는 수밖에 없었다.

우리가 심심해하는 것을 알아차린 태극이가 이렇게 말했다.

"시골에 오니까 무척 심심하지? 우리 꿩 알 주우러 갈까?"

"뭐? 꿩 알? 그게 어디 있는데?"

"응, 양지바른 숲 속에 가면 찾을 수 있어."

"찾으면 뭐하려고? 그거 달걀이나 메추리알하고 비슷한 거 아냐? 도시에서는 슈퍼마켓에 가면 많이 파는데 그거 찾아봤자 재

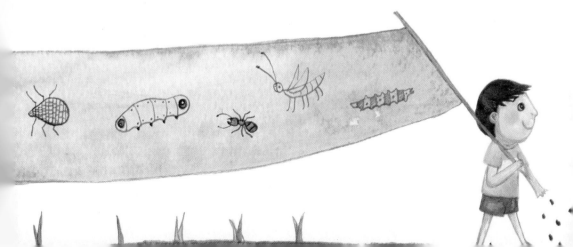

미가 있겠냐?"

"꿩 알을 주워 와서 어미 닭에게 품게 해 보려고. 그러면 병아리들과 같이 꺼병이가 태어나지 않을까?"

"꺼병이? 그게 뭔데?"

"꿩 새끼 말이야. 꺼병이가 병아리들과 함께 태어나서 잘살지 아닐지 지켜 보면 재미있을 것 같아서."

"그래? 그것 참 재미있겠다. 어서 가자."

나는 맞장구를 치며 따라나섰다. 하지만 민수 형은 별로 마음이 내키지 않는지 내가 가자고 조르자 마지못해 따라나섰다. 민수 형은 오전부터 생각하고 있던 천리에 대한 답을 시원하게 얻지 못해서 답답해하는 것 같았다. 나는 태극이와 함께 앞서거니 뒤서거니 하며 신나게 산을 오르내렸다. 하지만 민수 형은 뒤에서 무언가를 생각하며 천천히 따라오고 있었다. 내가 형에게 다가가 말했다.

"형, 또 천리에 대해 생각하고 있지?"

"응, 그래……."

"형은 어딜 가든 그 생각뿐이구나. 그래서 답을 알아냈어?"

"내가 생각해 봤는데 말이야. 식물에서 싹이 트는 일이 천리라 그랬잖아. 그리고 사람이 천리를 따르면 건강하고 행복해진다고도 했고. 생각해 보면 웰빙이니 유기농이니 하는 것도 건강하게 살자는 거잖아. 그러니까 그런 것도 천리와 관계가 있는 것 같아."

"그래서?"

"식물에서 싹이 트는 일은 틀림없이 자연이 하는 일이잖아. 자연을 따르면 사람은 건강해지는 거고. 피곤할 때 쉬고, 배고플 때 먹고, 더우면 옷을 얇게 입고, 추우면 옷을 두껍게 입는 게 다 자연스러운 일 아니냐? 너도 초등학교 때 배웠지? 계절에 따라 사람의 생활이나 모습이 바뀐다고. 그것도 모두 자연을 따르는 일이잖아. 그러니 천리란 바로 자연이야. 생각해 보니까 아저씨가 왜 이런 산골에 사는지 알겠어. 천리를 따르기 위해서 그런 것 같아."

민수 형은 무언가를 깨달은 사람처럼 기쁜 표정을 지어 보였다. 해답을 얻어서 속이 후련한 것 같았다.

"도시에서 사는 일은 자연스러운 일이 아닌 것 같아. 라면이니 피자니 과자니 하는 것도 모두 자연스러운 음식이 아니라 맛을 내기 위해 사람들이 조미료나 색소를 넣어서 만든 음식이잖아. 그러니 그런 맛을 좋아하는 건 천리가 아니라고. 있는 그대로의 자연을 따르는 것, 마치 아주머니가 해 주시는 음식을 먹는 것처럼 자연스러운 생활을 하는 것이 천리를 따르는 길인 것 같아."

아무도 가르쳐 주지 않은 천리를 스스로 깨달은 민수 형이 대단해 보였다. 그래서 나는 형의 얼굴을 유심히 바라보았다.

그때 산 위쪽에서 큰 소리가 들려왔다.

"야, 찾았다, 찾았어!"

내가 얼른 뛰어가 보니 양지바른 수풀 사이에 달걀보다 좀 작은 갈색의 알이 다섯 개나 있었다.

그것을 보고 내가 말했다.

"이거 달걀 같은데 정말 꿩 알 맞아?"

닭이 설마 여기까지 와서 알을 낳지는 않았을 테니, 꿩 알이라고 생각할 수밖에 없었다.

태극이와 내가 알을 모두 집으려고 하자 민수 형이 소리쳤다.

"잠깐! 너희들 이 알을 다 가져갈 생각이야?"

"그럼, 당연히 가져가야지. 어렵게 찾은 건데."

"야, 잘 생각해 봐. 알이 없어진 걸 알면 어미 꿩의 마음이 얼마나 아프겠냐? 그리고 너희들이 이 알을 다 가져가서 잘 키울 수도 없을 것 아냐? 괜히 생명을 해치기만 할 수도 있잖아."

"우와, 우리 형님이 언제부터 이렇게 훌륭한 성인이 되셨나? 그런 거룩한 말씀을 다 하시고."

내가 말하자 태극이가 대꾸했다.

"민수 형의 말이 맞아. 유수 네가 하도 심심해서 오자고 했지만, 막상 알을 가져가려고 하니까 마음에 걸린다. 어미 꿩을 생각하면 다 가져가서는 안 될 것 같아. 그러지 말고 한 개만 가져가서 잘 길러 보자, 응?"

나는 풀이 죽어서 대답했다.

"할 수 없지, 뭐. 두 성인의 말씀을 따라야지."

나는 민수 형이 좀 달라졌다고 생각했다. 예전에는 형이 꿩 따위에게까지 불쌍하다는 감정을 느낄 사람이 아니었다. 아이들에게 돈을 빼앗거나 싸움을 하면서 불쌍하다고 생각했을 리 없다.

산에서 내려오면서 태극이가 민수 형에게 말했다.

"형, 나는 우리 아버지한테 천리를 따르라는 말은 수없이 들었지만 오늘 형처럼 생명을 사랑하는 일을 실천해 본 적이 없었어. 형은 나보다 천리를 늦게 배웠는데도 금방 실천해서 정말 놀랐어."

"저 꿩이 알을 낳아 새끼를 기르는 것도 천리를 따르는 것이고, 내가 그것을 불쌍히 여겨서 알을 가져가지 말자고 한 것도 다 천리를 따르는 일이지?"

"맞아, 형. 아버지께서도 그렇게 말씀하셨어. 천리는 자연과 우주에도 있지만 인간의 마음속에도 있다고. 우주와 인간 속에 다 같은 천리가 있기 때문에 우주와 인간은 하나라고 하셨어."

"다른 사람이나 생물을 보고 불쌍히 여기는 것이 천리를 따르는 일이다, 그 말이지?"

민수 형이 환한 얼굴로 묻자 태극이가 대답했다.

"응, 맞아. 오늘 아침에 배웠잖아. 인의예지가 다 천리인데 남을 불쌍히 여기는 마음이 우리 안에 있는 것은 바로 인(仁)이라는 천리가 우리 마음속에 있다는 증거라고."

"아, 모르겠다. 천리는 '자연의 이치'라는 생각이 드는데 인의예지가 뭔지는 솔직히 모르겠다. 하여튼 남을 불쌍히 여기는 마음이 천리의 증거라니까 그것을 실천해 나가면 알게 되겠지, 뭐."

우리는 꿩 알을 한 개만 가지고 집으로 돌아왔다.

"아버지, 꿩 알을 하나 주워 왔어요. 병아리처럼 키워 보려고요."

태극이가 말하자 아저씨가 의아한 듯 물었다.

"뭐 병아리처럼 키우겠다고?"

곁에서 아주머니가 대답했다.

"그래, 잘됐데이. 마침 오늘 암탉이 알을 품기 시작했는데. 거기다가 살짝 넣어 두래이."

3 그리운 어머니

암탉이 알을 품은 지 며칠이 지났다. 어미 닭은 하루에 한두 번 둥지에서 내려와 모이를 먹고 다시 둥지로 돌아가 열심히 알을 품었다. 어미 닭은 예민해졌는지 우리가 둥지 근처로 조금만 가도 꼬꼬댁거리며 경계를 게을리 하지 않았다.

옥수수 밭에서는 벌써 옥수수 싹이 파릇파릇 돋아나기 시작했다. 처음에는 가냘픈 연두색 잎이 뾰족하게 고개를 내밀더니 이제는 제법 자라서 바람에 나풀나풀 흔들렸다.

3주가 지나자 병아리가 하나둘씩 알을 깨고 나오기 시작했다. 하지만 끝내 병아리가 되지 못한 알도 한두 개 있었다. 수정되지 않은 무정란이었다.

수정된 알이 병아리가 되고 옥수수 씨앗이 파릇파릇 돋아나는 것은 누가 시켜서 그런 것이 아니었다. 저절로 그렇게 된 것이었다. 그러나 달걀이나 씨앗을 내버려 둔다고 해서 저절로 병아리가 되고 열매를 맺게 되는 것은 아니었다. 따뜻하게 품어 주고 흙을 덮어 주어야 되는 일이었다. 그것이 바로 생명이 태어나는 이치이며 자연의 이치였다. 아저씨는 우리 형제에게 그런 자연의 이치를 깨닫게 해 주고 싶어 했다. 우리가 산과 들에서 일하는 동안 그것을 깨달을 수 있을 거라고 믿는 것 같았다.

오늘은 모두 산에 올라가 고사리를 꺾었다. 고사리는 그늘진 숲 속보다 햇볕이 잘 드는 양지쪽에 더 많았다. 어린아이의 손처럼 오므라진 고사리 줄기가 보이면 부드러운 아랫부분을 손으로 톡 꺾었다.

너무나 재미있고 신기해서 나는 이마에 땀이 송골송골 맺히는 줄도 모르고 열심히 일했다. 그런데 민수 형은 어느 순간부터 고사리를 꺾지 않고 가만히 서 있었다.

무슨 일인가 싶어 나는 민수 형에게 다가가 물었다.

"왜 그래? 형? 일하기 싫어?"

"아니."

"근데 왜 그렇게 가만히 있어?"

"고사리 꺾는 소리를 들으니까 얼마 전에 태극이가 한 말이 생각나서 그래. 우주와 인간이 한 몸이라잖아. 고사리 입장에서 생각해봐. 고사리가 얼마나 아프겠냐? 고사리의 생명도 우리 생명처럼 소중한 건데 고사리가 왜 우리를 위해 이렇게 아픔을 겪어야 하냐?"

"그래서 안 꺾는 거야?"

"그것도 그렇고, 고사리를 보니까 갑자기 부모님 생각이 나서. 어머니가 가난 때문에 얼마나 고생을 많이 하셨겠니? 비록 집을 나가셨지만 우리들이 미워서 그런 게 아니라 아버지와 갈등을 겪

었기 때문이라는 생각이 들어. 난 이제 어머니를 용서할 수 있을 것 같아. 그리고 내가 학교에서 나쁜 짓을 해서 아버지는 또 얼마나 힘드셨겠니? 아버지와 어머니는 이 고사리처럼 우리를 위해 희생하신 거야."

다른 사람들은 열심히 꺾어 바구니를 가득 채웠는데 형의 바구니는 절반 정도밖에 차 있지 않았다. 멀리서 아저씨가 민수 형과 나를 힐끔힐끔 쳐다보았지만 별말씀은 하지 않으셨다.

곧 점심때가 되어서 우리는 일을 멈추고 집으로 돌아왔다. 그렇잖아도 내 바구니는 이미 가득 차서 더 이상 일을 할 수 없었다.

오후에는 별다른 일이 없었다.

아주머니는 오전에 꺾어 온 고사리를 삶아서 햇볕에 말리는 일을 했고, 아저씨는 그 일을 거들어 주셨다. 나와 태극이는 병아리들을 바라보며 신나게 웃고 떠들었다.

그런데 병아리들 사이에 약간 이상하게 생긴 놈이 있었다. 다른 병아리들은 노랗거나 불그스름한 빛을 띠고 있었는데 유독 한 녀석만 옅은 갈색에다 크기도 작고 모양도 달랐다. 그래도 녀석은 어미 닭을 곧잘 따라다녔다. 지난번에 가져온 꿩 알에서 깨어난 꺼병이가 틀림없었다.

한편 민수 형은 방 안에 틀어박혀서 꼼짝도 하지 않았다. 잠시 후, 고사리 말리는 일을 마친 아저씨가 방으로 들어가 민수 형에게 말씀하셨다.

"고사리를 꺾으면서 느끼는 즐거움도 있지만 그만큼 괴로움도 크다는 것을 알았나 보구나. 나도 젊었을 때 '우주 만물이 하나'라는 것을 깨닫고 고사리를 꺾는 괴로움이 뭔지를 알았다. 그래서 고사리를 꺾기가 싫어진 때도 있었지. 바로 그거다. 생명을 보고 불쌍히 여기는 마음, 그게 있다는 건 곧 네 마음속에 천리가 있다는 증거이다. 그리고 고사리 바구니를 가득 채우지 못한 것이 천리를 실천했다는 증거라 할 수 있다."

"그럼 다른 생물의 희생을 보고 불쌍하게 여기는 것도 천리이고, 형제를 사랑하거나 부모님께 효도하는 것도 천리예요?"

민수 형이 평소에 궁금해하던 것을 여쭤 보았다.

"그렇단다. 천리는 원래 하나지만 각각의 본분에 따라 다르게 나타난다고 말할 수 있다. 가령 어버이를 만나면 효도가 될 것이고, 형제를 만나면 우애가 될 것이며, 스승을 만나면 공경이 될 것이다. 그 천리를 한마디로 말한다면 사랑의 이치라고 할 수 있지."

"그러니까 그 사랑의 이치가 사람에게만 있는 게 아니라 우주에 모두 있다는 말씀이시지요? 그래서 우주 만물이 다 하나가 되는 거예요?"

"그렇지. 많이 공부했구나. 이런 것은 책상 앞에 앉아서 공부만 한다고 얻어지는 것이 아니다. 몸으로 느끼고 실천해야만 제대로 알 수 있는 것이다."

"한 가지 더 여쭈어 볼게요. 자연을 따르는 것이 천리를 따르는 것인데, 그렇다면 자연이 곧 천리예요?"

"좋은 질문이다. 우리가 눈으로 보는 산과 하늘과 나무와 풀 등은 자연이지만 그것이 곧 천리라고 할 수는 없다. 천리는 그 속에 들어 있다. 눈에 보이는 자연물은 기(氣)가 모여서 된 것이다. 그런데 천리는 기에 상대되는 리(理)를 가리키는 말이다. 천리나 리나 다 같은 말이다. 사람은 리에 대해 공부하고 그것을 잘 따르면 성인이 될 수 있다."

아저씨가 설명을 좀 길게 하자 민수 형은 어려웠는지 아무 대꾸도 하지 않았다. 민수 형이 또 다른 질문을 했다.

"그런데 왜 사람들은 천리를 따르지 않고 다른 생명을 해치는 거예요? 우주 만물이 다 형제와 같은데 사람들은 자기들만 잘살려고 다른 생물들을 해치잖아요?"

"그래, 맞다. 인간들은 욕심이 지나쳐서 다른 생명들을 해치며 살고 있지. 하지만 인간뿐 아니라 다른 동물이나 식물도 자기들이 살아가기 위해서는 어쩔 수 없이 다른 생물을 희생시켜야 한다. 그 또한 천리이다. 다만 지나친 욕심으로 많은 생명을 해치면 안 되겠지. 그러니 고사리 꺾는 아픔을 겪은 것은 훌륭하다만 고사리를 꺾는 일을 나쁘게만 보면 안 될 것이다."

아저씨의 설명을 들은 민수 형은 수긍이 가는지 고개를 끄덕였다.

그때 태극이가 툇마루에 앉아 있는 내게로 다가와서 말했다.

"유수야, 우리 물고기 잡으러 가자."

우리는 야단스럽게 양동이를 들고 개울 쪽으로 달려갔다. 다른 때 같으면 민수 형도 따라왔을 텐데 오늘은 아저씨와 이야기를 하느라 그저 방 안에만 앉아 있었다.

얼마 뒤 태극이와 나는 양동이에 가재 몇 마리와 어린 물고기를 잡아 가지고 집으로 돌아왔다.

"형, 나 가재하고 물고기 잡았다. 볼래?"

내가 신이 나서 자랑스럽게 말하자 민수 형이 대답했다.

"대단한데. 어떻게 잡았어?"

"얼마나 힘들었는지 몰라. 가재는 그냥 돌을 뒤집으니까 있어서 쉽게 잡을 수 있었는데 물고기는 참 힘들었어. 게다가 다 놓치고 겨우 몇 마리만 잡았어."

"가재는 구워 먹고 물고기는 도로 놓아줘. 크기도 작고 먹을 것도 없잖아."

민수 형의 말을 듣고 나는 펄쩍 뛰었다.

"안 돼. 얼마나 힘들게 잡았는데."

"야, 물고기는 먹어 봐야 배부르지도 않고 갖고 있어 봐야 기를 수도 없잖아. 결국엔 괜히 생명만 죽이는 꼴이 될 거야."

우리의 대화를 듣고 계시던 아저씨도 말씀하셨다.

"민수 말이 맞다. 놓아주는 게 좋겠다. 나중에 물고기가 더 크게 자라면 그때 잡자꾸나."

"네, 알겠습니다."

나는 그제야 들고 있던 양동이에서 가재만 꺼내 놓았다.

저녁밥을 먹기 전에 아궁이에다가 가재 다섯 마리를 모두 구웠다. 가재를 구우니 고소하게 익은 꽃게 냄새가 났다. 나와 태극이는 가재를 오독오독 씹어 먹었다. 그 모습을 보고 아저씨와 아주머니가 슬며시 미소를 지으셨다.

4 아버님 날 낳으시고 기르시니

오늘 아침에는 《사자소학》의 첫머리를 공부했다. 사람들은 흔히 책을 볼 때 맨 처음부터 보지만 아저씨는 그렇게 공부하지 않았다. 그때그때 상황에 따라 시작하는 부분이 달랐다.

"부생아신(父生我身)하시고, 모국아신(母鞠我身)이로다."

"부생아신(父生我身)하시고, 모국아신(母鞠我身)이로다."

우리는 낭랑한 목소리로 따라서 읽었다. 뜻은 몰랐지만 나는 민수 형보다 더 씩씩하게 따라 읊었다.

"아버지는 내 몸을 낳으시고 어머니는 내 몸을 기르셨도다."

"아버지는 내 몸을 낳으시고 어머니는 내 몸을 기르셨도다."

이어서 아저씨가 말했다.

"오늘 배운 것은 내가 더 설명하지 않아도 잘 알 것이다. 그것이 무엇인지 설명할 수 있겠느냐?"

민수 형이 말했다.

"부모가 자식을 사랑하고 자식이 부모께 효도하는 것이 천리 가운데 하나라는 뜻인 것 같은데요."

"그렇다. 잘 보았다. 모든 살아 있는 존재를 사랑하는 것이 천리이긴 하지만, 먼저 자기 자식이나 부모를 사랑하는 것이 중요하다. 자기 자식이나 부모를 버려두고 남을 사랑할 수는 없지 않느냐?"

"그러니까 천리를 실천하는 데도 순서가 있다는 말씀이시지요? 제가 고사리를 걱정하는 것보다 동생을 먼저 생각해야 하고, 또 남의 부모를 섬기기 전에 나의 아버지와 어머니께 효도를 해야 한다, 이 말씀이시지요?"

아저씨는 고개를 끄덕이며 말했다.

"하하하, 많이 컸구나, 우리 민수. 네가 배운 것이 진정한 배움이다. 교과서에서 배우는 공부도 중요하지만 인간의 됨됨이가 되는 이런 공부가 무엇보다 중요한 것이다."

그날 오후 그 깊은 산골에 뜻밖의 손님이 찾아왔다. 삼십대 후반, 아니면 사십대 초반쯤 되어 보이는 어떤 아주머니가 청바지와 운동화 차림으로 이 깊은 산골까지 찾아온 것이다. 우리 형제는 마침 그때 산나물을 뜯으러 산에 가 있었다. 그래서 그 이야기는 뒤에 아주머니께 들어 알게 되었다.

그 여자가 마당으로 들어오자 아주머니께서 물었다고 한다.

"누구신데예? 누굴 찾아 여까지 오셨습니꺼?"

"형님, 접니다. 저 못 알아보시겠어요? 민수 엄마예요."

"뭐라꼬? 어디 보자. 맞네. 자네가 어쩐 일로 여까지 찾아왔노?"

아주머니가 놀라며 말하자 어머니가 대답했다.

"제가 애들 아빠와 마음이 안 맞아서 집을 나간 건 아시지요? 집을 나갈 때 전 아이들을 당장 데리고 갈 수 없어서 애 아빠한테 남겨 두고 갔어요. 그 뒤에 저는 식당 등을 전전하면서 악착같이 돈을 모았지요. 그래서 작은 집도 하나 장만했어요."

"그래서?"

"이제 아이들을 제가 데려가서 키우려고 애 아빠를 찾아갔더니,

글쎄 애들을 이 산골로 보냈지 뭡니까? 학교도 안 보내고 말예요. 여기까지 오느라 얼마나 고생을 했는지, 나 원 참."

어머니는 약간 격앙된 목소리로 말했다.

"그래, 이제 우짤 생각인데, 민수 엄마야?"

아주머니가 약간 걱정스런 표정으로 말하자 어머니가 대답했다.

"별수 있나요? 제가 데리고 가서 공부시켜야지요."

이런 사실도 모르고 그 시간 우리는 산에서 신나게 나물을 뜯고 있었다. 이제 산골 사람이 다 된 우리는 웬만한 산나물은 모두 구별할 수 있었다.

산나물을 뜯는 것도 재미있었지만 우리는 그것을 먹는 것 역시 좋아했다. 나물로 무쳐서 먹기도 하고 쌈으로 싸 먹기도 하고 때로는 된장 속에 넣어 두었다가 먹기도 했다. 도시에 살 때는 좀처럼 먹지 않았던 것들이지만 이제는 무척 좋아하게 되었다.

또 처음 여기에 왔을 때는 따분했지만 이제는 그렇지 않았다. 지긋지긋한 학교 공부를 안 해도 돼서 좋았고 자연과 더불어 살 수 있어서 좋았다. 아저씨는 우리에게 한문 공부를 너무 많이 시키지도 않았고 강요하지도 않았다. 아저씨가 알기 쉽게 풀이해 주었기 때문에 배우는 데 힘이 들지도 않았다. 게다가 일하면서 스스로 깨닫도록 해 주셨기 때문에 별 부담도 없었다.

우리가 나물바구니를 들고 집으로 돌아온 것은 해가 뉘엿뉘엿 질 무렵이었다. 그때까지 어머니는 자리에 앉지도 않고 문밖을 내다보며 우리를 기다리고 계셨다. 우리가 집으로 돌아오는 소리가 들리자 어머니는 너무나 반갑고 흥분된 나머지 우리 이름을 큰 소리로 부르셨다.

"민수야, 유수야, 나다! 엄마다!"

"형, 누가 우리를 불러. 엄마라고 하는데?"

그 소리를 먼저 들은 내가 형에게 말하자 형이 대꾸했다.

"엄마가 어디 있어? 아주머니가 부르는 소리겠지."

그런데 가까이 다가와 보니 아주머니가 아니었다.

"얘들아! 나야, 엄마야!"

민수 형은 어머니를 알아보았다. 그런데 크게 기뻐하는 기색도 없이 고개만 끄떡이며 "안녕하세요?" 하고 인사할 뿐이었다. 나는 어머니가 반갑다기보다는 처음 본 사람처럼 서먹서먹했다.

"그래, 이 산골에 와서 얼마나 고생이 많니? 너희 아빠가 참 못할 짓을 했구나."

"아니에요, 엄마. 제가 아빠 속을 썩여서 여기에 온 거예요. 그리고 여기 생활 맘에 들어요."

민수 형이 이렇게 말하자 나도 맞장구를 쳤다.

"여기에서는 공부를 안 해도 되고, 또 얼마나 즐거운 일이 많은데요."

"알았다. 긴 얘기는 이따 하자."

어머니가 한숨을 쉬며 말씀하셨다.

마침 아주머니가 저녁 식사 준비가 다 되었다고 우리를 부르셨다.

우리는 여느 때와 같이 저녁을 맛있게 먹었다. 어머니는 여기까지 찾아오느라 시장했을 텐데도 겨우 몇 수저만 들고 식사를 마치셨다. 아주머니가 더 권해도 입맛이 없다며 끝내 드시지 않았다.

그날 저녁에는 공부를 하지 않았다. 어머니가 오셨기 때문에 아저씨가 배려해 주신 것이었다. 아저씨는 부모님과 가까이 지내는 것이 책 공부보다 더 중요하다고 생각했던 것이다.

"엄마, 여기 오시느라 무척 힘들었죠? 우리가 처음 올 때도 무지 힘들었는데. 그치? 형."

"그래. 힘들었다. 하지만 너희들이 여기서 고생하는 것보다 더 힘들겠니? 너희 또래 애들은 학교와 학원을 다니면서 열심히 공부하고 있는데, 너희들은 무사태평하기만 한 것을 보니 걱정이 앞선다."

이렇게 말하자 민수 형이 대뜸 따지듯이 말했다.

"엄마가 그런 말씀하실 자격은 없잖아요. 우리들이 서울에서 힘들게 살 때 엄마는 어디에 계셨어요? 우리가 여기에 온 건 어쩔 수 없어서 온 거예요. 서울에서 문제아였거든요. 거기서 살아도 학원이니 학교 같은 거 꿈도 못 꿔요. 차라리 여기에 오기를 잘했지."

"그래. 내가 너희를 잘 돌보지 못해서 미안하구나. 너희 아빠와 성격이 안 맞아서 나왔다만 그 뒤로 열심히 일해서 돈도 벌고 집도 마련해서 이제 너희들을 데려가려고 왔단다."

"야, 신난다. 그러면 이제 우리는 엄마 아빠랑 같이 사는 거죠?"

내가 흥분해서 말하자 어머니께서 대답하셨다.

"글쎄……, 아빠랑 같이 살기는 힘들 것 같다. 그 대신 우리 셋이서 살면 되지 않겠니?"

"왜 아빠랑 같이 살면 안 되나요? 엄마 아빠는 서로 사랑해서 결혼도 하고 우리 형제도 낳았는데, 왜 이제는 같이 살 수 없다는 거예요?"

민수 형이 따지듯 묻자 어머니께서 말씀하셨다.

"네 말이 맞다. 물론 사랑해서 결혼을 했지. 그리고 너희들도 낳고. 그런데 말이다. 네가 좀 더 커 보면 이해하겠지만 사랑이란 식을 수도 있고 실망감으로 바뀔 수도 있는 거야. 나와 너희 아빠의 경우도 그런 건데, 좀처럼 정이 들지 않아서 절대 같이 살 수가 없단다."

"형, 엄마와 함께 서울로 올라가자, 응? 여기서 사나 서울에 가서 사나 어차피 아빠와 떨어져 사는 건 마찬가지 아냐? 난 엄마랑 같이 서울로 가고 싶어."

나는 형에게 찰싹 달라붙으며 같이 가자고 졸라 댔다.

"저는 여기서 부부가 서로 사랑하는 것이 천리를 따르는 일이라고 배웠어요. 그리고 부모는 자식을 사랑해야 하고 자식은 부모 말을 잘 따라야 한다고도 배웠어요. 전 지금 엄마 아빠가 왜 천리를 따르지 않느냐고 묻지는 않겠어요. 하지만 저는 이런 경우에 누구의 뜻을 따라야 하는지 모르겠어요."

민수 형이 침착하게 말하자 어머니께서 딱 잘라 말씀하셨다.

"깊이 생각할 것 없다. 이제껏 너희 아빠가 너희들한테 해 준 게 뭐가 있니? 나하고 같이 가는 것이 여기 사는 것보다, 또 아빠랑 같이 사는 것보다 나을 게다."

"물론 나을 수도 있겠지요. 하지만 어쨌든 아빠는 지금까지 우리들을 키워 주셨어요. 저는 참다운 행복이 무엇인지 여기 와서 많이 깨달았어요. 비록 가난하더라도 하늘이 맺어 준 인연인 가족과 함께 오순도순 사는 것이 중요하다고 생각해요. 어차피 가족이 모두 모일 수 없다면 제 한 몸 편하자고 엄마를 따라가지는 않겠어요. 제가 엄마의 입장을 완전히 이해하는 날, 그때 올라갈게요. 그리고 유수 너, 전에는 여기가 최고라고 하더니 어떻게 그렇게 하루아침에 생각을 바꿀 수 있냐? 네가 서울에 올라간다고 달라질 게 뭐 있어? 태극이를 봐라. 학교에 안 다니고 여기서 살아도 제 또래 아이들보다 아는 게 더 많잖아? 행동도 훨씬 어른스럽고."

"……."

"그래, 오늘 저녁에는 결론을 못 내리겠구나. 자고 나서 또 생각해 보자."

어머니는 그렇게 말씀하시고는 곧 입을 다무셨다. 그러더니 얼마 후 깊은 잠에 빠지셨다. 여기까지 오느라 많이 피곤하셨던 모양이었다.

다음 날도 어머니는 우리를 서울로 데려가려고 설득했지만 아무 소용이 없었다.

민수 형이 어머니를 따라가지 않으려는 이유는 서울에 살 때 겪
었던 좋지 않은 경험도 한몫했을 것이다. 얼마 동안 불량배들에게
피해 있어야 그들로부터 안전하게 자기를 지킬 수 있었던 것이다.
그리고 여기 와서 비로소 인간다운 대접을 받게 된 것도 그 이유
중 하나였을 것이다. 그리고 무엇보다도 서울에 살 때에는 한 번
도 깨달음을 얻은 적이 없었는데, 여기 와서는 많은 깨달음을 얻
었기 때문인 것도 같았다. 그 깨달음이 형의 마음을 즐겁게 해 준
것이 분명했다.

　며칠 후 어머니는 혼자 산을 내려가셨다. 그러나 아무 소득 없이
그냥 쓸쓸히 돌아간 것은 아니었다. 우리가 어머니를 이해하게 되

는 날 그때 다시 찾아가겠다고 약속했기 때문이다.

 어머니도 우리들을 위한 선물을 남겨 놓았

다. 언젠가 아버지를 이해하게 되는 날

가족과 함께 살겠다고 약속한 것이다.

성리학에 대하여

성리학이 나타난 배경

중국의 역사에서는 위진 남북조와 수나라, 당나라를 거치면서 유학의 영향이 약해지고, 대신 불교나 도가(도교) 사상이 주류를 이룹니다. 불교는 잘 알다시피 인도에서 발생하여 중국에 전래된 것이고, 도교는 중국 춘추전국시대의 노자와 장자의 도가 사상을 변형시켜 민간 종교와 어우러져 만들어진 종교입니다.

여기서 불교나 도교는 그 심오한 철학적 깊이로 인하여 지식인들의 호감과 사랑을 받았습니다. 특히 자연과 우주에 관한 인간의 호기심과 지적인 갈증을 해소해 주었습니다. 반면에 유학은 근거가 약한 도덕이나 사회제도에서 그 명맥만 유지하고 있었습니다. 도덕적으로 명확한 근거가 있어야 용기 있게 행동하게 되는데, 성리학 이전까지의 유학은 그런 것을 만족시켜 주지 못했습니다.

또한 송나라는 당시 금나라라는 이민족의 침략에 맞선 강한 도덕 정신에 의하여 성리학이 탄생되었다고도 말할 수 있습니다. 참인간과 짐승을 구별하고자 하는 생각을 가지고 있었겠지요.

그러나 무엇보다도 이러한 학문이 탄생하게 된 것은 사회적으로 필요했기 때문입니다. 사회의 모든 사람들이 성리학의 발생을 원하는 것은 아니었지만, 사회를 개혁하여 바람직한 사회를 만들고자 하는 사람들의 염원으로 이러한 학문이 탄생되었다고 말할 수 있습니다.

특히 고려 말 우리나라에 성리학이 들어오게 된 것도 바로 이런 맥락과 같습니다. 신진사대부라는 사회적 계층이 성리학을 적극적으로 받아들이고, 몽고 지배하에 놓인 고려의 구 귀족과 불교에 대항해서 보다 개혁적인 국가인 조선을 탄생시킨 것도 성리학의 발생 배경과 유사한 점이 많습니다.

리와 기

리(理)와 기(氣)는 성리학에서 우주와 인간을 설명하는 도구입니다. 이 세상은 리와 기라는 두 가지 요소로 이루어져 있습니다.

'기'는 사람의 몸을 비롯하여 우리가 눈으로 보거나 느낄 수 있는 물질적인 것을 통틀어 말합니다. 그러니까 기는 사물의 재료가 되는 물질, 또는 그 물질이 운동하는 에너지 등을 포함합니다.

'리'는 사물의 원리나 법칙을 말합니다. 그런데 성리학은 그것만을 말하지는 않습니다. 도덕적인 원리나 정신까지도 리로 보는 것입니

다. 리는 운동하지 않습니다. 기를 통하여 움직이는 것입니다. 그런데 이러한 리를 천리(天理)라고도 말합니다. 그러니까 인간이 지닌 도덕이 천리로서 영원히 존재한다고 여겼던 것입니다.

그리고 모든 사물에는 리와 기가 동시에 있습니다. 리만 있는 사물도 없고, 기만 있는 사물도 없습니다. 항상 리와 기가 동시에 붙어 있습니다. 그렇다고 해서 리와 기가 구분되지 않게 섞여 있는 것도 아닙니다. 둘이면서 하나이고 하나이면서 둘인 것입니다.

그런데 사물이 생기기 이전에는 오직 리와 기만 있었고, 기가 있기 전에는 리만 있었다고 합니다. 그래서 리를 강조하다 보니 사람들은 성리학을 리학이라고 불렀습니다. 이토록 리를 강조하는 이유는 유교적 도덕이 영원불변하다는 것을 나타내고자 한 것입니다. 가령 오륜(五倫) 같은 것이 그것인데, 이는 유교적 도덕을 굳게 만들어 사회를 이끌고자 하는 마음이 담겨 있습니다.

성즉리

'성즉리(性卽理)'라는 말은 원래 정자가 '성이 곧 리이다'라고 한 데서 비롯된 말이며, 주자가 한층 철학적 의미를 부여한 성리학의 기본 원리입니다.

'성즉리'란 천리가 바로 인간의 성품이라는 것입니다. 다시 말하면 우주의 근원과 인간은 본질적으로 같다는 말이 됩니다.

　전통적 유교에서는 인간의 성품을 근본적으로 착하다고 봅니다. 물론 이때 인간의 성품은 기에 의하여 오염되지 않은 순수한 성품을 말합니다. 예를 들어 인의예지(仁義禮智)와 같은 것을 말합니다. 이것을 다른 말로 본연지성(本然之性)이라 하고, 기질 속에 떨어진 본연지성을 기질지성(氣質之性)이라 부릅니다. 인간은 모두 기질지성이라는 성품을 갖고 있습니다. 다만 성인은 기질이 맑고 바르기 때문에 본연지성이 그대로 드러나지만, 보통 사람들은 기질이 혼탁하기 때문에 기질을 변화시켜 자신의 본연지성이 올바로 드러나게 해야 되는 것입니다. 그래서 기질을 맑고 바르게 만들기 위해 공부가 필요합니다.

　다시 말해 '성즉리'는 인간의 본연지성이 바로 천리라는 것입니다. 이 천리를 온전히 드러내는 도덕적인 인간이 되기 위해서는 기질을 변화시켜야 하는 공부가 필요한 것입니다. 성리학에서는 이처럼 모든 인간이 근본적으로 착하고 천리를 가지고 있기 때문에, 인간은 죄 많은 존재가 아니라 누구나 성인이 될 수 있는 가능성을 갖고 있다고 보았습니다.

하늘의 뜻과 인간의 뜻

 어려운 글도 백 번씩 읽으면 그 참뜻을 스스로 깨쳐 알게 된다.

－주희

1 사람다운 것이 무엇인가

봄에 태어난 병아리도 어느덧 자라서 노란 솜털이 빠지고 흰 깃털이 삐죽삐죽 솟아 나왔다. 어떤 녀석들은 어미 닭처럼 벌써 갈색 깃털로 옷을 갈아입었다.

그런데 꺼병이는 병아리들과 잘 어울리지 못했다. 녀석은 병아리들보다 겁이 많고 도망을 잘 갔다. 모양은 더 길쭉해지고 색깔은 여전히 갈색에 검은 반점이 얼룩얼룩 섞여 있었다. 어미 닭도 이제 새끼들에게 별로 관심을 갖지 않았고, 병아리들도 어미를 자주 찾지 않았다.

여기저기 향기를 뿜던 나무들도 이제는 짙은 색 나뭇잎으로 옷을 갈아입었다. 그래서 숲은 더욱더 짙고 울창해졌다. 밭에 심었던 옥수수는 어느덧 자라 사람 키보다 높이 솟아 있었다. 텃밭의 고추도 키가 제법 커졌다. 바람이 불면 자꾸만 옆으로 쓰러지려고 해서 나는 손수 막대기를 찾아다가 옆에 꽂고 노끈으로 묶어 주었다. 그랬더니 바람이 불어도 끄떡없이 서 있어서 마음이 뿌듯했다.

다른 밭에서는 참외와 수박이 자라고 있었다. 참외는 이제 겨우 잎이 두세 장 나왔지만 수박은 제법 긴 덩굴로 뻗어 있었다.

"올해는 너희 형제가 와서 특별히 수박이랑 참외를 심은 거야" 하고 아저씨께서 선심 쓰듯 하신 말씀이 생각났다.

우리는 아저씨와 공부도 꽤 많이 했다. 물론 아저씨는 한자를 외우고 쓰게 했지만 강요하지는 않으셨다. 시험을 보기 위해서 하는 공부가 아니라 생활에서 실천하기 위해서 하는 공부였기 때문에 억지로 시키지 않으셨다. 그러나 배운 것을 실천하지 않으면 크게 꾸지람을 하셨다.

가령 형제끼리 다툰다거나 웃어른께 공손하게 굴지 않으면 우리는 호되게 야단을 맞았다. 게으름을 피운다거나 생명을 함부로 해치는 일이 있어도 마찬가지였다. 물론 이 산골에서는 남과 다툰다든지 다른 사람을 귀찮게 한다든지 불편하게 하는 일은 별로 없었다. 왜냐하면 만날 수 있는 사람이 별로 없었기 때문이다.

아저씨는 늘 이렇게 말씀하셨다.

"사람이 사람다운 것은 인의예지를 갖고 있기 때문이다. 물론 그것이 천리이기 때문에 다른 동물들에게도 전혀 없다고 할 수는 없다. 하지만 사람은 다른 동물보다 훨씬 더 머리가 발달한 존재이기 때문에 그것을 풍부하게 드러낼 수 있는 것이다."

나와 민수 형이 정확히 무슨 말인지 모르겠다고 하자 아저씨가 말씀하셨다.

"그건 너희들이 풀어야 할 숙제다. 몸으로 경험해서 깨달아야 한다는 말이다."

아저씨는 인의예지(仁義禮智)의 맨 앞에 있는 인(仁)이란 '어질다' 는 뜻이라고 하셨다. 그런데 그 '어질다' 는 말이 또 무슨 말인지 우리는 알 수가 없었다. 그래서 그 뜻을 사전에서 찾아보니 '마음이 너그럽고 착하며 슬기롭고 덕행이 높다' 라고 나와 있었다. 나는 그 말이 더 어려워서 포기했지만 민수 형은 끝까지 알아

보려고 노력했다.

형은 인에 대해서 태극이에게 물어 보았다. 태극이는 이미 그 뜻을 알고 있었기 때문이다. 그랬더니 태극이가 '인이란 마음의 덕성이며 사랑의 이치'라고 간단하게 일러 주었다. 그러고는 이렇게 덧붙였다.

"얼마 전에 형이 고사리를 꺾을 때 마음이 아프다고 했지? 그리고 꿩 알을 주울 때 어미 꿩의 마음을 헤아렸잖아. 그리고 나와 유수가 가재와 어린 물고기를 잡아 왔을 때에도 가재만 구워 먹고 물고기는 살려 주자고 했잖아. 그게 모두 생명을 사랑하는 마음이야."

그 말을 듣고 민수 형이 말했다.

"아, 이제야 알았다. 그러한 마음이 없는 사람에게 왜 인간도 아니라고 했는지 말이야. 인(仁)이란 한마디로 말하면 사랑이야. 그것이 천리니까 풀이하면 '사랑의 이치'라고 말할 수 있겠지. 사람의 입장에서 말한다면 '마음의 덕성'이고. 도시에 살 때 나는 남을 괴롭히면서도 그것을 깨닫지 못했는데 이런 산골에서 그걸 깨닫게 되다니, 참으로 놀랍다. 모든 것을 사랑의 눈으로 대해야 한다는 것 말이야."

우리는 또 의(義)에 대해서도 배웠다. 의란 한자로 '옳다', 또는 '바르다'는 뜻이었다. 하지만 옳고 바른 것이 무엇인지 알 수가 없었다.

아저씨는 주자의 말을 인용해서 의란 '사리를 따져서 마땅함이 있는 것'이라고 했다. 만일 사리를 따져서 마땅함이 없다면 의가 아니었다. 그런데 '마땅하다'는 말이 무슨 말인지 나는 이해할 수 없었다. 그래서 이번에도 국어사전을 찾아보았다. 그랬더니 비슷한 말로 '적합하다', '합당하다', '당연하다', '정당하다'라는 말이 있었다.

그러니까 의를 행한다는 말은 '사리를 따져서 적합하거나 합당하거나 당연하거나 정당한 것'을 행하는 것이라는 결론이 나왔다.

그 말을 듣고 형은 자신의 과거 행동이 의롭지 못했던 것 같다고 말했다. 합당하거나 정당한 구석이 없었기 때문이다.

그래서 아저씨께 여쭈어 보았다.

"저는 서울에 살 때 걸핏하면 친구들과 싸우고 나쁜 형들과 어울려 다니며 도둑질과 강도짓을 했어요. 그런 저의 행동에는 의가 없었다고 생각되는데, 어째서 주자께서는 의가 모든 인간의 마음속에 다 있다고 하셨지요?"

아저씨가 고개를 끄떡이며 말씀하셨다.

"정말 많이 깨달았구나. 그래, 의란 사리를 따져서 마땅한 것을 일컫는다. 주자께서는 사람은 모두 인의예지를 갖고 있지만 그것이 그 사람의 기질에 가려서 잘 발휘되지 못한다고 하셨다. 마치 네가 서울에서 살 때 네 잘못된 성격이나 행동, 또는 환경 때문에 의를 깨닫지 못한 것과 같다."

"그러니까 성격이나 환경을 고치면 인의예지를 깨달을 수 있다는 말씀이신가요?"

"그렇지. 그게 바로 기질을 바꾸는 일이다. 기질이란 저절로 바뀌는 것이 아니라 좋은 환경 또는 공부와 수양을 통해서 바뀌는 것이다. 마치 네가 여기에 와서 달라졌듯이 말이다."

아저씨가 칭찬을 하시자 민수 형은 얼굴을 붉히며 말했다.

"제가 여기 와서 바뀐 게 뭐가 있습니까? 별로 바뀐 게 없는데요."

아저씨는 정색을 하며 침착하게 말씀하셨다.

"아니다. 너희 어머니가 와서 서울로 같이 가자고 했을 때, 너는 '가족이 다 같이 살지 않으면 안 간다'고 하지 않았느냐? 만약 이기적인 마음으로 너 혼자만 잘되자고 마음먹었다면 따라갔겠지. 하지만 가족이 함께 모여 사는 것이 마땅한 일 아니겠느냐? 이것은 네가 이미 사리를 올바르게 판단했다는 증거다."

"제가요?"

민수 형은 겸연쩍어하며 머리를 긁었다.

"그렇지만 지금부터 시작일 뿐이다. 너는 이제 겨우 네 마음속에 있는 천리를 조금 깨달았을 뿐이다. 앞으로 그 천리를 더욱 발전시켜 나가면 훌륭한 사람이 될 수 있을 게다. 그것이 바로 너의 아버지가 너와 네 동생을 내게 맡긴 이유이니라."

아, 자신도 모르는 사이에 이미 인의예지 가운데 인과 의를 실천하고 있었다니, 참으로 신기한 일이었다. 더 따져 본다면 형은 예와 지도 이미 실천하고 있는지 모르겠다는 생각이 들었다. 사람이 참다운 인간이 되려면 꼭 글공부를 잘해야 하는 것은 아니지만 글공부를 하지 않으면 올바른 사람이 되기가 무척 힘들 것 같았다.

그날 이후로 민수 형은 더욱더 열심히 공부했다. 아저씨께서는 민수 형의 그런 모습을 보시고, 오후 시간에는 일하는 대신 집에서 공부할 수 있도록 허락해 주셨다.

하지만 나는 여전히 공부에는 별로 관심이 없었다. 그저 산골 생활이 신나고 재미있었다. 서울에 있을 때에는 주로 기수와 어울려 놀았지만, 여기서는 태극이하고 놀았다. 일하는 것도 싫지 않았고, 아주머니가 해 주시는 음식이 맛있다고 넉살도 부릴 줄 알았다.

하루는 내가 태극이에게 말했다.

"야, 우리 집안이 정말로 주잔가 뭔가 하는 그 유명한 학자의 후손이 맞냐?"

"응, 아버지께서 그렇다고 하셨어. 아버지는 할아버지께 들었고, 할아버지는 증조할아버지께, 또 증조할아버지는 고조할아버지께 들은 거래. 그런 식으로 계속 올라가면 언젠가는 주자께 닿겠지."

"네 말을 들으니 정말 그런 것 같다. 근데 왜 네 이름이 태극이냐? 우리나라 국기인 태극기와 같은 거냐?"

"응, 같은 거래."

"야, 너 좋겠다. 월드컵 축구할 때 태극기를 흔들며 '대~한민국!' 하고 얼마나 외쳤는지 알아? 그 멋진 태극기하고 네 이름이 비슷하잖아."

내가 부러워하자 태극이는 별 흥미가 없다는 듯 말했다.

"글쎄. 난 텔레비전을 안 봐서……. 단지 내 이름은 아버지가 주자의 학문에서 따서 지으신 거래."

"뭐? 주자의 학문에서 따왔다고? 야, 태극기하고 주자의 학문이 무슨 상관이냐? 정말 웃긴다."

태극이는 얼굴을 붉혔지만 침착하게 말했다.

"주자의 학문에 태극의 이론이 있어. 태극기의 주변에 있는 막대 모양의 문양 있지? 그건 바로 《주역》이라는 책에 나오는 '괘'라는 거야. 후세에 태극기를 만든 사람이 태극 이론의 심오한 뜻을 담아 태극기를 만든 거야."

"그럼 지금 우리가 사용하는 태극기 문양을 주자가 만들었다는 말이냐?"

"그렇지는 않아. 다만 태극의 이론이 그렇다는 거지. 태극기의 문양은 주자가 태어나기 전 우리나라 통일신라 때에도 있었어."

"야, 놀랍다. 학교도 안 다닌 녀석이 어떻게 그렇게 아는 게 많냐? 그럼 도대체 태극이라는 게 뭐냐? 네 이름이니까 잘 알겠지?"

내가 묻자 태극이가 또박또박 말했다.

"태극이란 천리의 다른 말이야. 천리의 종류가 하도 많으니까 하나로 묶어서 태극이라 부른 거지. 그러니까 세상 만물에 태극이라는 천리가 들어 있다고 생각하면 돼. 네 마음에도, 내 마음에도, 또 저 나무에도, 물에도……. 그 안에 태극이 있기 때문에 만물은 하나가 되는 것이지. 그리고 세상이 생기기 전에 이 태극이 먼저

있었다고 해."

나는 태극이의 말을 이해할 수 없었다.

"아휴, 머리 터진다. 그만 해라. 난 무식해서 뭔 소린지 통 모르겠다. 냄새도 없고 소리도 없고 눈으로 보이지도 않는 그 태극이 있다고 어떻게 말할 수 있냐? 내 머리로는 도저히 이해가 안 된다. 참 주자님도 별난 분이셔. 보이지도 들리지도 않는 태극이 있다고 어떻게 말씀하시는 건지……. 다시는 네 이름의 뜻을 묻지 않을게."

내가 포기하려고 하자 태극이는 집요하게 계속해서 말했다.

"너는 사랑이 눈에 보이니? 사랑은 보이지 않고 사랑하는 사람만 눈에 보이지 않니? 미움은 눈에 보이니? 미워하는 사람의 눈초리와 거친 말과 행동만 눈에 보이지. 그러니까 어떤 것이 눈에 직접 보이지 않는다 해서 없다고 생각하면 안 되는 거야."

"그만 하라니까. 난 눈에 안 보이면 없는 거라고 생각해. 사람들이 다만 제 마음속에 있는 것을 이름만 그렇게 붙인 거지. 하여튼 모르겠다. 그런 거 따져서 뭐하니? 바르게만 살면 되지."

나는 기가 질려서 더 이상 태극에 대해 알고 싶지도 않았다.

2 사람은 하늘의 뜻을 따라야

앞산과 뒷산에서 아침부터 매미가 경쟁하듯 울어 댔다. 옥수수는 거의 다 자라 잎사귀 사이에 열매가 볼록하게 열리기 시작했다. 봄에 심은 콩은 어른의 허리만큼 자라서 작은 연두색 꽃을 피웠다. 얼마 전까지 내린 비 때문에 개울의 물소리도 시원하게 들렸다.

오늘은 전에 없던 일이 일어났다. 한 집밖에 없는 이 깊은 산골에 우체부가 찾아온 것이다. 우체부 아저씨는 한 통의 편지를 가져왔는데, 받아 보니 서울에 있는 어머니가 민수 형에게 보낸 편지였다.

민수 보아라.

이제 완전한 여름이구나. 여긴 날씨가 무척 덥다. 거기는 어떠니?

너희와 헤어져 서울에 온 뒤 줄곧 마음이 편치 않았다. 너희들이 서울에 와서 중단했던 공부를 다시 하면 좋을 텐데, 네가 같이 오지 않겠다고 하니 어쩔 수 없구나.

너는 우리 가족이 모두 같이 살면 서울에 오겠다고 했는데 아무리 생각해도 그건 불가능할 것 같다. 너희하고는 같이 살 수 있지만 너희 아버지와 같이 사는 것은 곤란해. 너희 아버지와는 서로 사랑해서 결혼했다만 그것이 오래 지속되지는 못했다. 물론 내 잘못도 있겠지만 이제는 사랑이 식어서 함께 살기란 쉽지 않을 것 같다. 그건 너희 아버지도 마찬가지일 거야.

네가 좀 더 크면 알 수 있을 거다. 물론 부모로서 자식에 대한 역할을 다하는 것도 중요하지만 부모 자신의 인생도 중요하단다. 비록 내가 부모 역할을 제대로 못했다만 더 이상 내 인생을 헛되이 보내고 싶지 않구나. 그래서 나는 올가을에 재혼할 예정이야. 물론 너희 아버지가 이혼을 승낙하면 말이다.

재혼을 하더라도 엄마로서의 역할을 게을리 하지는 않을 거야.

답장을 기다리마.

동생 잘 보살피고 더운 날씨에 건강 조심하렴.

편지를 읽는 동안 민수 형의 손이 부르르 떨렸다.

"언젠가 우리 가족이 함께 모여 살 수 있을 거라 생각했는데 엄마의 편지를 보니 어려울 것 같다. 엄마는 자신의 인생만 소중하지 자식들의 행복은 생각도 안 하는 것 같아."

민수 형은 그렇게 말하며 내게 편지를 건네주었다. 내가 편지를 다 읽자 형이 말했다.

"여기 내려와서 아저씨한테 부모는 부모답고, 남편은 남편답고, 아내는 아내답고, 자식은 자식답게 사는 것이 천리라고 배웠어. 그런데 엄마는 부모의 역할과 아내의 역할을 다하지 않으려 하는 것 같아 무척 섭섭해."

민수 형은 마음이 답답해서 견딜 수 없다는 듯이 곧바로 어머니께 편지를 썼다.

어머니, 안녕하세요?

편지 잘 받아 보았어요. 건강하시죠?

우선 어머니의 편지를 받아 보고 큰 실망을 했어요. 어머니께서 우리를 사랑하시는 것은 알고 있어요. 하지만 우리 가족이 다 같이 살 수 없다는 이야기를 들으니 무척 안타까워요.

물론 어머니께서는 여태 아버지를 용서하지 않고 계시지만, 두 분은 이미 부부가 아닙니까? 또한 어머니와 아버지 사이에서 저희들이 태어났고요. 저는 부부와 자식은 하늘이 맺어 준 인연이라 생각해요. 부부와 자식이 서로 화해하고 잘사는 것이 천리를 따르는 일이라고 배웠고요. 천리를 따르는 일이 참다운 사람의 도리라고 알고 있습니다.

그런데 어머니께서는 그런 천리를 저버리고 어머니만의 행복을 찾으시겠다고 하니 참으로 섭섭해요. 어머니의 행복을 위해 가족을 버리는 것은 욕심이 아닐까요? 물론 자신의 행복을 찾겠다는 것은 당연한 일일 수도 있어요. 하지만 욕심이란 끝이 없는 것이어서 그것을 채우려 하면 나중에는 자기만을 위해 다른 사람의 행복을 무시할 수도 있게 되는 거예요.

감히 제가 이런 말씀을 드리는 것을 용서해 주세요. 하지만 옛날에 우리 조상들은 부모님이 정해 준 배우자와 죽을 때까지 같이 살았다고 하잖아요. 그렇게 사는 동안 갈등이 전혀 없었겠어요? 하지만 다 참고 살았잖아요. 그렇게 살다 보면 행복한 날도 오지 않겠어요?

요즘은 이혼도 재혼도 쉽게 하지만 그 사이에서 태어난 아이들은 어쩌란 말입니까? 저는 어머니를 이해할 수 없어요.

물론 우리가 서울로 가면 어머니께서 학비를 대 주시겠지요. 하지만 그것이 어찌 행복한 가정이라 하겠어요? 제가 바라는 것은 어머니께서 아버지와 화해하시고 우리 가족이 함께 모여 오순도순 사는 거예요. 하루빨리 그날이 오기를 기대할게요.

더운 날씨에 몸조심하세요.

형은 단숨에 편지를 썼지만 당장 부칠 수는 없었다. 편지를 부치려면 읍내까지 가야 했던 것이다.

다음 날, 형은 아저씨께 말씀드리고 아침 일찍 읍내로 가서 편지를 부치고 오후가 되어서야 돌아왔다. 형이 너무 지쳐 있었기 때문에 저녁 시간 공부는 쉬기로 했다.

도시 같으면 저녁에도 더웠겠지만 산골은 해만 지면 시원했다. 이곳은 낮에도 태양 아래에서는 따가웠지만 그늘에 있으면 그다지 덥지 않았다. 계곡으로 내려가면 물이 얼음처럼 차가웠다. 도시 사람들은 일부러 피서를 가지만 이곳은 더위 걱정을 하지 않아도 되었다.

다음 날 아침, 우리는 아저씨께 인간의 '본래 성품'과 '기질의 성품'에 대해 배웠다. 인간의 성품은 원래 천리로서 인간은 태어날 때부터 이를 지니고 있다고 했다.

아저씨가 민수 형에게 물었다.

"인간이 하늘로부터 받은 성품에는 어떤 것들이 있다고 했지?"

"예, 인의예지 등이 있다고 했습니다."

"그래, 인의예지와 같은 것이 인간이 타고난 '본래 성품'이다. 순수한 천리라고 말할 수 있지."

민수 형이 물었다.

"그렇다면 아저씨, 사람들은 왜 그런 인의예지를 그대로 발휘하지 못하나요?"

"좋은 질문이다. 기질이 맑고 깨끗한 사람은 그것을 발휘할 수 있지만 기질이 혼탁한 사람은 그렇게 할 수 없지. 이렇게 타고난 순수한 성품이 기질에 가려져서 제대로 발휘하지 못하는 것을 '기질의 성품'이라 한다."

민수 형이 또 물었다.

"그럼 사람은 이 기질의 영향에서 벗어날 수 없나요?"

아저씨가 고개를 끄덕이며 또박또박 말씀하셨다.

"음, 사람은 말이다. 육체가 있기 때문에 기질의 영향에서 완전히 벗어나기가 쉽지 않다. 그래서 욕심을 갖는 것이고. 그런데 욕심을 갖는 것 자체가 나쁜 것은 아니란다. 배고프면 먹고 추우면 옷을 입어야 하듯이 정당한 욕심은 당연히 있어야 한다. 하지만 욕심이 지나치면 그것이 자신의 순수한 성품을 가려서 옳지 못한 행동을 하게 되지."

"그럼 어떻게 하면 순수한 성품대로 행동할 수 있을까요?"

"설명하기 좀 어렵지만 그건 이렇게 말할 수 있다. 우선 그런 마음에 있는 성품을 깨달아야 하고, 또 조용히 혼자 있을 때에는 이 성품을 마음에 잘 보존해야 한다. 그리고 행동한 후에는 반드시 되돌아보고 잘못이 없는지 살펴보아야 한다. 이때 중요한 것은 항상 마음이 깨어 있어야 한다는 것이다. 조금이라도 방심하면 안 되지."

"어렵습니다. 저는 아직 거기까지는 도달하지 못했습니다."

"그래. 이건 하루아침에 이루어지는 것은 아니다. 차츰 노력해서 시간이 많이 지나면 효과가 나타날 것이다."

도시에 사는 다른 아이들처럼 문제를 풀거나 책을 읽으면서 해야 하는 공부를 하지 않았을 뿐이지 우리는 여기에 와서 다른 공부를 많이 했다. 특히 민수 형은 누구보다도 더 많이 공부했다.

죄가 많으면 뉘우침도 크다고 했던가? 민수 형은 이곳에 와서 바른 사람이 되려고 무척 애를 썼다.

언젠가 형은 내게 이렇게 말했다.

"사람이 처음부터 나쁜 것이 아니라 자기 마음속에 있는 선한 성품을 발휘하지 못해서 잘못을 저지르는 것이라는 말이 무척 마음에 들어. 난 내 마음속에 이처럼 따뜻하고 착한 마음이 있는 줄은 미처 몰랐어. 역시 아버지가 우리를 여기로 보내신 건 탁월한 선택이었던 것 같아."

아마도 형은 깨달음을 얻어서 무척 기쁜 것 같았다.

3 사람의 욕심도 중요한가

여름도 이제 막바지에 이르러서 아침저녁으로 서늘한 바람이 불어왔다. 옥수수는 이미 다 자라서 묵직한 열매를 맺고 있었다. 수염이 모두 말라 있는 것을 보고 옥수수를 따다가 쪄 먹어 보았다. 산골의 옥수수는 도시의 길거리에서 파는 것보다 훨씬 맛이 있었다. 아마도 직접 씨앗을 뿌려 키운 것이라 더 맛있는지도 몰랐다.

병아리들은 이미 다 자라서 살짝 붉은 벼슬이 솟아났다. 그럼 꺼병이는 어떻게 되었을까? 녀석은 처음엔 다른 병아리를 따라다니며 함께 지냈다. 하지만 시간이 지날수록 점점 혼자서 노는 일이 많아지더니 결국 다 자라자 숲 속으로 날아가 버렸다. 야생의 본능은 어쩔 수 없었나 보다. 그물을 쳐 놓고 길렀더라면 끝까지 기를 수 있었을 거라는 생각이 들었다. 하지만 한편으로는 도망간 것이 오히려 잘된 일이라는 생각도 들었다. 자신이 가야 할 길로 갔으니 말이다.

어쨌든 세월이 흐르면서 옥수수는 자라 열매를 맺었고 병아리는 어미 닭이 되었다. 꺼병이는 꿩이 되었고 수박과 참외는 열매를 맺은 뒤에 또다시 씨앗을 남겨 놓고 말라 죽었다. 우리는 수박과 참외를 심었던 밭을 갈고 다시 무와 배추를 심었다.

이제 추석도 얼마 남지 않았다. 들판에서는 곡식이 익어 갔고 밤나무에서는 벌써 올밤이 떨어지기 시작했다.

민수 형과 나는 이제 도시 아이답지 않게 얼굴색이 구릿빛이 되어 있었다. 누가 봐도 영락없는 시골 소년들이었다.

게다가 우리는 이제 한문 실력도 늘어서 웬만한 문장은 줄줄 외고 해석할 수 있었다. 누가 억지로 시켰다면 오히려 못했을 것이다. 민수 형이 스스로 그렇게 하는 모습을 보고 나도 따라서 한 것이었다. 아니, 사실은 같은 또래인 태극이에게 지기 싫어서 열심히 노력한 덕분이기도 했다. 나는 원래 남에게 지기 싫어하는 성격이기 때문이다.

아저씨는 말보다 실천을 중요하게 생각하셨다. 그 때문에 우리들은 자기가 해야 할 일을 게을리 하지 않았고 집안일도 열심히 도왔다. 그리고 무엇보다 형제끼리 싸우는 일은 절대로 없었다. 또한 자기 자신보다 남을 먼저 생각하는 태도도 생기게 되었다.

벌써 민수 형이 어머니께 편지를 보낸 지 한 달도 넘었다. 그런데 여태 어머니에게서는 아무런 소식도 없었다. 어머니는 영영 가족을 버리고 자신의 행복을 찾아 떠나간 모양이었다. 나도 민수 형도 그런 어머니를 이해할 수가 없었다. 뿐만 아니라 더더욱 용서할 수도 없었다.

추석이 다가오자 괜히 집 생각도 나고 아버지도 보고 싶어졌다. 기수와 기수 엄마도 보고 싶어졌다.

그런데 이게 웬일인가? 뜻밖에도 어느 날 아버지가 우리를 찾아오셨다. 추석이 얼마 남지 않았고 또 우리 형제가 잘 지내는지 궁금해서 찾아오셨다고 했다. 아버지는 우리가 새로 갈아입을 옷이 없을 것 같아서 몇 벌 사 가지고 왔다며 새 옷을 내미셨다.

그날 밤, 우리는 아버지와 함께 그동안 있었던 이야기를 나누느라 밤새는 줄도 몰랐다. 이런저런 이야기를 나누다가 민수 형이 어머니 얘기를 꺼냈다. 어머니가 여기까지 찾아오셨었다고 하자 아버지는 놀라지 않고 대답하셨다.

"나한테도 왔다 갔다."

"무슨 일로 오셨대요? 혹시……?"

"같이 살자고 찾아온 건 아니다. 이혼해 달라고 찾아왔더구나. 그리고 너희들을 자기가 데려다 키우겠다고 하더라. 그래, 민수 네 생각은 어떠냐? 엄마랑 같이 살고 싶은 생각이 있냐?"

아버지가 조용히 묻자 민수 형이 대답했다.

"어머니께서 제게도 그렇게 물어보셨지만 저는 우리 식구가 모두 모여 살기 전에는 안 가겠다고 했어요. 유수는 따라가고 싶어 했지만 제가 안 간다니까 자기도 안 가겠다고 했어요. 그런데 아버지는 어머니와 이혼하실 작정이세요?"

"내 생각을 말하기 전에 우선 네 생각부터 듣고 싶구나. 네 생각을 말해 보렴."

"저는 서울에 가서 아버지 없이 어머니와 함께 사는 것도 싫지만 두 분이 이혼하시는 것도 반대해요. 이혼하면 법적으로 남남이 되잖아요? 그리고 나중에 어머니의 편지를 보고 알았는데 아버지가 이혼만 해 주면 어머니는 다른 분하고 결혼하실 거래요."

"그래. 나도 들었다."

아버지는 비교적 담담하게 말씀하셨다.

그러자 민수 형이 아버지께 다짜고짜로 여쭈어 보았다.

"그래서 아버지는 어떻게 하셨어요?"

"어떻게 하긴……. 난 그래도 같이 사는 날이 오겠지 하고 이혼을 미루어 왔다. 하지만 더 이상 사랑하지도 않고 정도 없는데 어떻게 함께 살겠니? 편하게 새사람 만나 행복하게 살게 해 줘야지."

민수 형은 부르르 떨면서 아버지에게 따졌다.

"아버지, 말도 안 돼요. 어머니가 요구한다고 금방 이혼해 준단 말이에요? 적어도 우리 식구들이 같이 살려고 노력은 해 봐야죠. 같이 살자고 어머니를 설득해 보셨어요?"

"설득은 무슨, 헤어져 산 지가 얼마나 됐는데. 이제 와서 어떻게 같이 살 수가 있겠니? 그리고 나는 너희 엄마가 행복하게 살기를 바란다. 너도 어른이 돼 봐라. 가족이 함께 사는 것도 중요하지만 그것이 잘 안 되면 각자의 행복을 위해 헤어져 사는 것도 나쁘지 않다."

아버지는 침착하게 말했다. 민수 형은 어이가 없다는 듯 이렇게 말했다.

"아! 정말 어른들의 마음을 이해할 수 없어요. 어떻게 헤어진다는 말씀을 그렇게 쉽게 할 수 있어요? 자신들의 이기적인 행복을 위해서 남편이나 아내나 자식을 함부로 팽개쳐도 된단 말씀이에요? 어른들의 행복도 중요하지만 자식들의 행복도 중요하잖아요. 내 행복을 위해 다른 사람의 행복을 짓밟는 건 지나친 욕심이에요. 그건 도저히 용서할 수 없는 일이에요. 가족을 위해 내 행복을 양보하거나 희생하는 것이 아름다운 일 아닌가요? 그것이 천리를 따르는 일이라고요."

아버지는 더 이상 아무 말씀도 못하셨다. 민수 형의 말 중에 틀린 말이 없었기 때문이다.

우리는 더 이상 아무 말도 하지 않았다. 그렇다고 깊은 잠에 빠지지도 못했다. 가을에 접어드는 찬 기운 속에서 귀뚜라미 소리만 요란하게 들려왔다. 그 소리는 다른 풀벌레 소리와 어울려 마치 교향악처럼 들려왔다.

다음 날 아침 일찍 아버지는 서울로 떠나셨다. 아무런 말도, 아무런 약속도 없었다. 그저 아버지는 우리에게 열심히 공부하라는 말만 남기고 떠났을 뿐이었다.

4 어머니의 행복

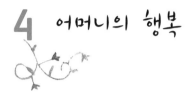

추석은 별로 즐겁지 않게 훌쩍 지나가 버렸다. 추석이 즐겁지 않았던 이유는 가족 모두가 함께하지 못했기 때문이었다.

이젠 아침저녁으로 날씨가 제법 싸늘해졌다. 가을의 문턱에 들어선 것이다. 앞산과 뒷산에서는 툭툭 알밤 떨어지는 소리가 들려왔다. 그것은 알밤이 이제 자기가 살던 엄마 품을 떠나 새로운 삶을 개척하러 가는 것이었다. 이따금 성급하게 벌써 단풍이 든 나무도 보였다. 그러나 아직 추수 때는 아니었다. 아저씨와 아주머니는 산에 가서 온갖 버섯과 약초를 캐느라 정신이 없었다. 나와 태극이도 약초를 캐며 신이 나서 산을 누비고 다녔다. 나는 머루랑 다래는 물론 처음 먹어 보는 산열매까지 따 먹으며 마냥 신기해하고 있었다.

민수 형은 요즘 들어 일하는 시간보다 공부하는 시간이 더 많아졌다. 오후에는 아예 방에 틀어박혀 책만 읽었다. 민수 형의 학습 진도가 워낙 빨랐기 때문에 아저씨는 일하는 시간에 공부하는 것을 허락해 주셨다. 민수 형은 한문만 공부하는 것이 아니었다. 가끔 읍내에 나가서 고등학생들이 보는 책도 사 오고 때로는 철학, 문학, 역사학에 관한 책도 사다가 읽었다.

우리가 배운 주자학은 송나라 때 완성돼서 조선시대에 꽃을 피운 학문이었다. 형은 21세기인 지금 그런 주자학으로 모든 것을 설명하기는 힘들다고 생각했다. 그래서 새로 사 온 책을 읽으며 요즘 시대의 학문들을 배워 나갔다. 그 책들을 통해서 형은 가족 관계도 중요하지만 개인의 행복과 권리도 소중하다는 것을 알게 되었다. 특히 어린이와 여자같이 약한 사람들의 권리도 중요하다는 것을 새로 배웠다.

아저씨는 아이들이 산골에서 공부한다고 해서 옛날 사람처럼 상

투머리에 한복 차림으로 세상과 담을 쌓고 사는 것을 원치 않았다. 그래서 가능하면 독서를 통해 보통 학생들이 하는 공부를 하도록 도와주셨다. 물론 이 경우에도 아저씨는 대부분 배우는 사람이 스스로 깨달을 수 있도록 해 주었다. 그것이 참다운 앎의 과정이라 생각한 것이다.

사람이 아무것도 모르다가 새로운 것을 알게 되면 그것이 전부인 양 함부로 말할 때가 있다. 아마 예전에 우리도 그런 시기를 겪었던 것 같다. 그래서 아버지와 어머니의 행동을 전혀 이해하지 못했던 것이다. 가족이라는 보금자리가 너무나 소중해서 서로 흩어져 산다는 것을 받아들일 수 없었는지도 모른다. 우리는 비록 아주 오래전부터 어머니와 떨어져 살았지만 언젠가는 어머니가 돌아올 거라 믿고 있었던 것이다.

그런데 그런 꿈은 차츰 물거품처럼 사라져 가고 있었다. 어느 날 민수 형이 내게 말했다.

"가족을 떠나서 새로운 삶을 시작하는 것이 어머니의 행복일까? 도대체 그 행복이 무엇인지 궁금해. 그리고 더 이해할 수 없는 것은 아버지의 생각이야. 아버지는 어머니의 행복을 위해서라면 이혼도 해 주겠다고 했어. 도대체 아버지가 바라는 어머니의 행복이란 무엇일까?"

어느덧 알에서 깨어난 병아리들은 다 자라 더 이상 어미 닭을 따라다니지 않았다. 어미 닭도 이제 새끼들을 돌보지 않았다. 새끼들이 자기 모이 근처에 오면 오히려 쪼아 댔다. 아예 새끼를 알아보지도 못하고 그냥 같은 동료 닭으로만 대했다. 동물들은 자라면 다 그렇게 되는 모양이었다. 그래서 자기 이익을 위해 부모도 자식도 못 알아보는 사람들을 가리켜 금수(禽獸), 곧 짐승이라 하지 않던가?

민수 형이 내게 말했다.

"설마 어머니도 저 닭들처럼 우리를 버리신 건 아니겠지? 어머니는 우리들을 서울로 데려가려고 했잖아. 그러니까 어머니는 우리를 버린 게 아니라 아버지와 같이 살기 싫다는 것뿐이야. 그렇지? 아버지도 우리를 버린 게 아니라 단지 어머니와 이혼해 주겠다고 한 거야. 아마 우리가 부모님을 이해하려면 병아리가 자라서 어미 닭이 되는 것처럼 우리도 부모가 돼 봐야 알 수 있을 거야. 그리고 우리 스스로 살아갈 수 있어야 해. 그래야 부모님을 완전히 이해할 수 있을 것 같아."

하지만 형은 아직 어머니를 완전히 이해할 수가 없는 듯했다.

형은 그 뒤에도 가끔 읍내에서 사 온 책을 읽고 내게 이야기해 주곤 했다.

"이 책에는 사람의 권리는 하늘이 준 것이기 때문에 누구도 빼앗을 수 없다고 쓰여 있어. 그리고 인간은 행복을 추구할 권리가 있고, 남자와 여자는 평등하며, 누구나 존중받아야 할 인격을 갖고 있다고 했어. 또 나이나 학력 등 남녀노소에 관계없이 사람은 누구든지 차별을 받아서는 안 된다고 했어."

형은 그렇게 부모님을 이해하기 위해 노력하고 있었다. 하지만 아직도 어머니를 완전히 이해할 수는 없는 듯했다. 책에는 그렇게 나와 있었지만 그건 그거고 우리 가족의 문제는 우리 가족의 문제였으니까. 개인의 권리와 자유가 아무리 중요하다 해도 형과 내가 그것을 이해하기까지는 많은 시간이 걸릴 것 같았다.

리일분수 그리고 천리와 인욕

리일분수

성리학에서는 모든 사물에 기본적으로 하늘이 부여한 이치인 천리
(天理)가 있다고 봅니다. 그것을 태극이라 부릅니다.

본질적으로 우주는 하나입니다. 하나의 태극으로 이루어져 있으니
까요. 그렇지만 실제로 보면 그렇지 않은 것 같습니다. 사람과 동물
이 다르고 개와 소가 제각기 다른데, 이런 것을 성리학에서 어떻게
설명할까요?

'이치는 하나이지만 분야에 따라 달라진다'고 말하거나 '리는 하나
이지만 나누어 달라진다'는 말로 설명하고 있습니다. 그것이 바로
'리일분수(理一分殊)'입니다.

모든 사물에는 '공통점'과 '차이점'이 있는데, 공통점을 '리일'이라
하고 차이점을 '분수'라고 보면 되겠습니다. 좀 어려운 말로 하면 공
통점을 '보편성'이라고 하고, 차이점을 '특수성'이라고 합니다. 그러
니까 사람과 동물 사이에도 공통점과 차이점이 있다는 것입니다. 그

공통점을 태극으로 이해하면 됩니다.

그런데 사람의 기질은 동물보다 맑고 깨끗하여 보편성인 태극을 동물보다 잘 발휘하기 때문에 사람의 성품이 동물과 다른 것입니다. 우리는 종종 비도덕적인 사람을 '금수(짐승)보다 못하다'라고 나무라는데, 이는 바로 성리학적인 사고에서 유래된 것입니다.

천리와 인욕

천리(天理)는 하늘의 이치요, 인욕(人欲)은 사람의 욕심입니다. '존천리 거인욕(存天理 去人欲)'은 성리학의 공부 방법 중 하나입니다. 마음속에 천리를 보존하고 인간의 욕심을 제거한다는 뜻입니다. 성리학에서 말하는 공부란 오늘날 우리가 책상 앞에서 책을 읽는 것만을 말하는 것은 아닙니다. 앎과 행동이 일치되어야 하는 것입니다. 인간의 원래 성품인 천리가 마음속에 잘 보존되도록 해야 하며, 그것에 방해가 되는 인간의 욕심을 없애야 합니다.

그럼 인간의 욕심은 어디에서 오는 것일까요? 그것은 우리가 육체를 가지고 있기 때문에 나오는 것입니다. 육체는 기(氣)로 이루어진 것이므로 결국 기질 때문에 욕심이 나오는 것이며, 그런 욕심을 줄이기 위해서는 마침내 기질을 변화시켜야 하는 것입니다.

그러나 무엇이 천리이고 무엇이 인욕인가를 따진다면, 상황이 바뀔 수도 있습니다. 도덕적인 것을 천리로 보고, 육체적인 것을 인욕으로 본다면 주자학이 되지만, 그 반대이면 주자학이 되지 못합니다. 육체적인 본능을 자연스런 인간의 성품으로 보고, 그것을 막는 도덕적인 관습이나 인위적인 제도를 인욕으로 본다면 더 이상 주자학의 논리가 될 수 없을 것입니다.

진정 하늘의 뜻은 무엇인가

 학문은 생각하는 것을 기초에 둔다.

—주희

1 하늘의 뜻

가을이 되었다.

온 산이 단풍으로 붉게 물들었다. 단풍의 불길은 산꼭대기부터 점점 아래로 내려왔다. 옥수수는 벌써 수확이 끝났고, 마당에 쌓아 놓은 콩대에서는 콩깍지가 말라비틀어지면서 콩알이 톡톡 튀어나왔다. 도리깨와 막대기로 두드리니 더 많은 콩이 빠져나왔다. 빨간 고추며 누런 호박이며 큼지막한 고구마가 집 안에 가득했다. 이렇게 자연은 때가 되면 우리에게 풍성하게 보답을 해 주었다. 물론 인간이 노력을 해야 그것들을 수확할 수 있지만 말이다.

민수 형도 마냥 공부에 열중할 수만은 없어서 가을걷이를 도왔다. 양식도 잘 갈무리하고 땔감도 마련해야 했다. 겨울이 닥쳐오기 전에 모든 월동 준비를 끝내야 했다. 이곳에는 전기나 가스, 연탄 같은 것이 없었기 때문이다.

쉬는 시간이 되자 민수 형이 내게 말했다.

"인간은 나약한 존재여서 자연의 이치에 따라야 한다는 생각이 들어. 곡식을 심고 가꾸고 거두어들이는 일뿐만 아니라 우리가 먹고 입고 잠자는 일 모두 자연의 변화에 따르는 일이잖아. 사실 도시에 사는 사람들도 따지고 보면 자연의 변화를 거스를 수 없는 것 같아. 배고프면 먹어야 하고, 추우면 따뜻하게 입어야 하고, 더우면 시원하게 해야 하니까. 어떤 인간이든 그런 단순한 자연의 변화에 따르지 않을 수 없는 거지. 도시 사람들은 자연의 변화로부터 얻어지는 그런 일들을 모두 남들에게 부탁해. 주로 돈으로 해결하니까. 하지만 이런 산골에서는 자연으로부터 직접 그것들을 얻어 내는 것이 가능해. 물론 때때로 해결할 수 없는 것들은 돈을 주고 사 와야 하지만 말이야. 여기서는 돈으로 해결되는 일이 별로 없으니까 자연을 따르는 일이 무엇보다 중요한 거야."

"그것도 주자학과 관련이 있어?"

"그럼! 주자학은 사람들이 자연과 보다 더 가깝던 시대에 완성된 학문이잖아. 그 시대에는 지금보다 더 하늘의 이치를 따르는 것이 중요했을 거야. 자연현상이 주로 하늘을 통해서 이루어지니까 사람들은 하늘을 중시할 수밖에 없었겠지. 요즘에는 과학이 발달해서 기온이 변화하는 것은 태양의 고도가 얼마나 높으냐, 낮의 길이가 얼마나 기냐 하는 데 달려 있다는 것을 알고 있잖아. 옛날 사람들은 그런 것들은 정확히 몰랐지만 하늘의 법칙, 곧 천리가 자연을 변화시킨다고 믿었지."

"그런데 인이나 의가 하늘의 법칙과 무슨 상관이 있어?"

"주자학은 하늘의 이치를 인간세계에까지 넓혀서 생각한 거야. 우리가 생명을 지키고 살려면 자연법칙에 따라야 하듯이, 인간답게 살려면 하늘이 우리에게 내려 준 천리에 따라야 한다는 거지."

"아, 어렵다. 천리는 언제나 어려워."

"맞아. 더 어려운 문제는 천리가 무엇이냐 하는 거야. 물론 주자는 인의예지 같은 것을 하늘이 인간에게 내려 준 본성, 즉 천리라고 여겼어. 그래서 인을 '마음의 덕이며 사랑의 이치'라 풀이했

고, 의를 '사리를 분별해서 각기 마땅한 것이 있는 것'이라 풀이
했지. 하지만 사랑이 무엇인지, 무엇이 마땅한 것인지를 생각하면
문제가 간단하지 않아. 가령 '모르는 여자를 껴안는 것은 나쁜 짓
이다'라고 말하면 누구나 그렇다고 할 거야. 하지만 모르는 여자
가 절벽에서 떨어지려고 할 때에는 껴안든 붙잡든 떨어지지 않게
해야 해. 이럴 경우에는 분명 나쁜 짓이 아니잖아. 하지만 세상에
는 그처럼 무엇이 옳고 무엇이 그른지 분명히 판단하기 어려운 경
우가 많아. 무엇이 천리인지 알기가 쉽지 않다는 말이지."

"어떤 경우인데?"

"우리 어머니의 경우가 그렇겠지. 사랑하는 자식들의 미래를 위
해 마음에도 없는 남편과 함께 사는 것이 마땅한지, 사랑하는 사
람과 새롭게 출발해서 행복을 찾는 것이 마땅한지 말이야."

"형은 무엇이 천리라고 생각해?"

"모르겠어. 자식을 위해서 사랑하지 않는 사람과 함께 사는 게 천리인지, 아니면 각자의 행복을 위해 이혼하는 것이 천리인지. 그것 때문에 요즘 무척 고민하고 있어."

형은 요즘에 주자학이 아닌 다른 책들도 틈틈이 읽었다. 그러고는 예전처럼 부모님이 반드시 함께 살아야 하는 것에 무조건 고집을 피우지 않았다. 사람은 누구나 자신의 행복을 추구할 권리가 있다는 것을 알았기 때문이다.

"아! 천리란 정말 알기 어렵구나!"

내가 말하자 민수 형이 대답했다.

"그러게 말이야. 하지만 난 계속 공부하고 생각하면 알 수 있을 거라 생각해. 그래서 말인데, 나는 앞으로는 주자의 공부 방법에

몰두하기로 했어. 더 많은 책을 읽고 깨어 있는 마음으로 이치를 따지는 거야. 그리고 그 이치를 마음속에 간직하고, 그것을 행동으로 옮긴 뒤에 잘못이 없는지 다시 한 번 되돌아보는 거지. 그리고 무엇보다도 자기 욕심이나 성질에 못 이겨서 일을 잘못하지 않았는지를 늘 조심하는 거야. 물론 이 방법은 아저씨가 늘 해 오던 공부 방법인데 이런 식으로 계속 공부하다 보면 아는 것이 많아져서 어느 날 자신도 모르는 사이에 사물의 이치를 훤히 알게 될 날이 올 거야. 어머니의 일은 지금 옳다 그르다 판단하지 않고 열심히 공부한 뒤에 생각해 보면 알게 되겠지."

민수 형은 전보다 훨씬 마음이 편해진 것 같았다. 어머니 문제를 놓고 결판을 내야겠다고 조급하게 생각하지 않아서 그런 것 같았다.

이제 우리는 책 읽는 선수가 다 되어 있었다. 나도 형을 본받아 책도 열심히 읽고, 일도 열심히 했다. 아마 서울에 사는 여느 고등학생 못지않게 많은 양의 책을 읽었을 것이다.

아저씨는 민수 형에게 입버릇처럼 늘 이렇게 격려했다.

"대학이 인생의 전부는 아니지만 참다운 독서를 통해서 얼마든지 원하는 대학에 갈 수 있다."

그 일례로 태극이의 형 이야기를 자주 하셨다. 내심 아버지도 그
것 때문에 이 산골로 우리를 보냈는지 모른다.

아저씨가 그렇게 말할 때면 민수 형은 머리를 긁적이며 겸연쩍
은 듯 자기는 문제아라 거기까지는 불가능하다고 둘러대곤 했다.

2 산골에서 서울로

가을이 가고 겨울도 갔다.

이제 우리 형제가 이 산골에 온 지도 3년째에 접어들었다. 계속 학교에 다녔더라면 나는 중학교 3학년, 민수 형은 고등학교 2학년이 되었을 것이다.

계절에 따라 다르긴 하지만 산골에서 보는 풍경은 늘 그것이 그것처럼 보였다. 하지만 실은 같은 것이 하나도 없었다. 나무에 붙은 이파리 하나도 일 년 전에 보았던 것과 똑같은 것이 아니었다.

나무나 풀잎도 그런데 하물며 사람이야 어떻겠는가?

민수 형은 그동안 한문으로 된 고전은 물론 일반교양에 관계되는 책을 수없이 읽었다. 틈틈이 고등학생들이 공부하는 책도 보았다. 나도 뒤질세라 초보적인 《명심보감》이나 《사자소학》 그리고 《소학》 같은 책을 공부했다. 형을 따라 여러 가지 종류의 책을 읽었고, 중학생들이 하는 공부도 틈틈이 했다. 물론 누가 시켜서 한 것이 아니었다. 일하는 시간을 제외하면 심심해서 할 일이 없었기 때문에 한 것이었다. 도시 같으면 컴퓨터 게임을 한다든지 아이들과 모여서 운동을 한다든지 놀이공원 같은 곳에 가서 놀았을 것이다. 하지만 산골에서는 일하는 것 외에는 특별히 할 일이 없었다.

그동안 민수 형은 감정보다는 이치에 맞는 생각과 행동으로 우리 가족의 문제를 해결하려고 애쓰고 있었다. 어머니는 우리가 산골에 들어온 첫해 가을에 다른 남자와 결혼하려고 했었지만 여태 민수 형이 반대해서 결혼을 미루고 있었다. 아버지는 그해 가을에 어머니와 정식으로 이혼을 했다. 예상은 했지만 막상 그렇게 되고 나니 마음 한구석이 허전했다.

어느 날 민수 형이 내게 말했다.

"아버지와 자식, 어머니와 자식 관계는 남이 되고 싶어도 될 수 없는 천리이지만 아버지와 어머니는 남이 될 수도 있다는 것을 깨달았어. 그러니까 아버지와 어머니가 헤어져도 부모와 자식 간의 관계는 변함이 없다는 게 내 결론이야."

민수 형은 지금까지와는 달리 한결 가벼운 표정을 지어 보였다. 그때 마침 읍내에 갔던 아저씨가 편지를 갖고 돌아왔다. 편지는 아버지한테서 온 것이었다.

민수, 유수 보아라.

그동안 잘 있었느냐? 너희들이 서울을 떠난 지도 벌써 3년째가 되는구나. 여태 아무 탈 없이 산골에서 묵묵히 일하고 공부한 너희들을 이 아버지는 대견스럽게 생각한단다.

내가 자부하지만 이제 너희들의 실력은 웬만한 도시 아이들보다 낫다. 나는 너희를 거기에 보낸 것을 잘했다고 생각한다. 올가을에는 서울에 올라와서 다시 학교에 다니도록 노력해 보자.

그리고 한 가지, 너희들에게 동의를 구할 것이 있다. 너희 엄마와 정식으로 이혼한 것은 이미 알고 있을 거다. 그런데 나도 언제까지나 혼자 살 수는 없지 않겠니? 그래서 올가을에 다시 결혼을 하려고 한다. 상대는 유수가 잘 아는 기수 어머니다. 내가 기수 어머니를 알게 된 것은 유수 녀석의 편지를 기수에게 전달하면서였다. 마음 씨도 착하고 마치 친어머니처럼 유수에게도 잘 대해 주었더구나. 아마도 유수는 반대하지 않을 것이다. 그 아주머니는 일도 열심히 하고, 특히 너희들에게 친어머니 이상으로 잘 대해 줄 것이라 믿는다.

만약 민수가 적극적으로 반대한다면 없던 일로 하겠다. 하지만 내 생각에는 너희 엄마도 사랑하는 사람이 있다면 그 사람과 결혼하는 것이 좋을 것 같구나. 사랑하는 사람과 같이 살지 못한다면 얼마나 괴롭겠니? 너희 엄마나 내가 결혼을 하고 나면 너희들은 어느 쪽이든 마음대로 왕래해도 좋다.

답장을 기다리마.

편지를 읽어 가면서 민수 형은 고개를 끄덕였다. 다 읽고 난 후 형은 편지를 나에게 건네주었다. 나는 미처 다 읽기도 전에 흥분되어 말했다.

"형, 아버지가 기수네 어머니랑 결혼하신대!"

"그렇다는구나."

"형은 어떻게 생각해? 난 괜찮은데."

"사실 난 아버지가 혼자이기 때문에 어머니만 다른 남자와 결혼

하는 것이 못마땅했었어. 그런데 이제 아버지에게도 결혼 상대가 생겼으니 어머니의 행복도 빌어 주어야겠지. 서로 싫어하는 사람들에게 같이 살아야 한다고 억지를 부리는 것도 한계가 있는 거니까."

어차피 잘된 일인지도 몰랐다. 새어머니의 눈치를 보는 것도 쉽지 않은 일인데, 마침 내가 좋아하는 기수의 어머니가 새어머니가 된다니 차라리 다행이었다.

"형, 그 아주머니가 나를 친아들처럼 잘 대해 주어서 더 안심이 돼."

"그래, 이치에 맞게 생각해야겠지. 그게 천리일지도 모르니까. 어차피 남녀가 같이 살기 싫다면 헤어질 수밖에 없잖아. 아무리

자식이 있다고 해도 말이야. 그렇다면 서로의 행복을 찾게 해 주
는 것도 나쁘지 않겠지. 오히려 그게 효도일지도 몰라."

그날 밤 민수 형은 펜을 들었다. 그러고는 다음 날 아침 부리나
케 읍내에 가서 편지 두 통을 부쳤다.

세월이 흘러 여름도 가고 어느덧 가을이 되었다. 우리 형제는 벌
써 세 번째 수확의 즐거움을 맛보았다. 올해는 특히나 감회가 새
로웠다. 마지막 농사이기 때문이었다. 지난번 편지에서 가을이 되
면 다시 서울로 올라가 아버지와 어머니의 결혼식에도 참석하겠
다고 약속했기 때문에 더 이상 농사를 지을 필요도, 또 산골에 남
아 있을 이유도 없었다.

우리가 서울로 떠나기 전날, 이른 아침부터 아저씨의 집은 부산했다. 새로 수확한 곡식으로 방아도 찧고 햇볕에 말려 놓은 고추도 빻고 깨도 털어 냈다. 그러고는 자루에 곡식을 넣고 서울로 갈 때 혹시 새지 않도록 단단히 묶었다.

저녁을 먹고 잠자리에 누웠지만 도무지 잠이 오지 않았다. 그동안 이 산골에서 있었던 일들이 주마등처럼 스쳐 갔다. 풀벌레 소리며 귀뚜라미 소리가 오늘 밤에는 유난히 더 크게 들렸다.

언제 잠이 들었는지 푸시시, 삐 하는 소리에 잠에서 깼다. 마루에 나가 보니 떡시루에서 하얀 김이 연달아 쏟아져 나왔다. 우리에게 따뜻한 떡을 먹이기 위해 새벽부터 아주머니가 떡을 찌고 계셨던 것이다. 아저씨는 어제 싼 물건을 하나하나 차곡차곡 배낭에 넣고 계셨다.

안개가 자욱한 이른 아침, 우리 형제는 찬 공기를 마시며 산에서 내려왔다. 각자 배낭을 하나씩 짊어지고, 손에는 물건 꾸러미를 잔뜩 든 채로 말이다. 아저씨, 아주머니가 우리를 위해 차 안에서 먹으라고 만들어 준 떡의 열기가 손끝으로 전달되어 왔다. 그것은 떡의 열기가 아니라 아저씨, 아주머니의 어진 마음에서 나오는 기운이었다.

3 새로운 출발

"요즘처럼 내가 살맛 나는 때가 없었다. 말썽꾸러기 두 아들이 이렇게 의젓한 소년으로 컸으니 말이야. 공부해라 나쁜 짓 하지 마라 잔소리할 필요도 없지, 스스로 모든 일을 다 알아서 잘하지, 무엇보다 부모 잘 섬기고 형제끼리 의좋게 지내지……."

아버지의 칭찬은 끝이 없었다. 아버지는 우리들을 산골에 보낸 것이 잘한 일이라고 생각하셨다.

아마 아저씨가 이런 아버지의 말을 들었다면 인간의 본성이 원래 착하기 때문에 아무리 나쁜 사람이라도 잘 가르치면 바른 사람이 될 수 있다고 말씀하셨을 것이다. 주자 성리학의 가르침이 원래 그랬기 때문이다.

물론 우리 형제도 아저씨의 가르침대로 우리의 본성을 되찾았다고 믿고 있었다. 그리고 지금 우리가 되찾은 본성은 아주 작은 것이지만 앞으로 공부를 통해 크게 찾을 수 있을 거라고 확신했다.

그래서 우리는 공부를 더 열심히 했다. 물론 우리가 말하는 공부는 교과 공부만이 아니었다. 인간의 바른 도리, 곧 천리를 실천하는 것이 가장 큰 공부이니까 말이다. 그래서 배움을 게을리 하지 않고, 부모를 잘 모시며, 형제끼리 우애 있게 지내면서 이웃과 친하게 지내려고 노력했다.

얼마 뒤 아버지는 가족들이 보는 가운데 시내의 작은 음식점에서 조용히 결혼식을 올렸다. 그 뒤를 이어서 어머니도 다른 아저씨와 결혼하셨다.

우리들은 어머니와 같이 살지 않고 아버지와 같이 살기로 했다. 물론 어머니와 완전히 헤어진 것은 아니고 가끔씩 어머니 집에 놀러 가기도 했다.

어머니는 우리들의 장래를 위해서 노력해 주셨다. 앞으로 우리들이 공부를 더 열심히 해서 민수 형이 대학교에, 내가 고등학교에 가면 도움을 주겠다고 하셨다.

이제 우리는 기수까지 합세해서 삼 형제가 되었다. 가장 신나는 사람은 물론 나였다. 내가 좋아하는 아줌마가 엄마가 되었고, 가장 친한 친구 기수가 형제가 되었으니까.

새어머니는 이전에 하던 포장마차를 계속하겠다고 하셨다. 재혼을 했지만 살림이 넉넉하지 않았기 때문에 조금이라도 살림에 보태시려는 것이었다. 이치를 따져 보아도 아버지 혼자 택시 기사를 해서 여러 식구를 먹여 살리기는 힘든 일이었다.

민수 형이 그것을 모를 리 없었다. 그래서 새어머니 대신 형이 포장마차를 하겠다고 자청했다. 새어머니는 처음에는 펄쩍 뛰며 반대했지만 형의 고집을 꺾을 수는 없었다. 결국 새어머니와 민수 형이 같이 장사를 하고 나는 집에서 공부를 하기로 했다. 그 대신 새어머니의 조건이 있었는데 내년 봄에 민수 형은 대입 검정고시에, 나는 고입 검정고시에 응시해야 한다는 것이었다.

처음엔 민수 형이 어려운 살림에 대학이 뭐냐고 크게 반대했지만 아버지와 친어머니, 그리고 새어머니의 권유로 그렇게 하기로 했다.

3년 동안 산골에서 일하면서 공부하는 것이 몸에 배어서인지 우리는 도시에서 공부하는 일이 그야말로 누워서 떡 먹기보다 더 쉬웠다. 형은 포장마차를 돌보는 틈틈이 책을 읽었고, 나도 집에서 열심히 공부했다. 물론 기수도 학교에서 돌아오면 나와 같이 공부했다. 기수도 학원에 다닐 형편이 못 되어서 여태 한 번도 학원에 다니지 않았다. 그래서 나와 함께 공부하는 것이 오히려 잘된 일이었다.

이전 같으면 동네 피시방이나 오락실에 몰래몰래 다니거나 또래 아이들과 공놀이를 했을 텐데 이제 그런 일은 하지 않았다. 하기야 내게는 이제 친구가 없었다. 옛 친구들은 학교고 학원이고 정신없이 뛰어다니느라 같이 어울릴 시간이 없었다.

나는 학교 공부도 열심히 했지만 산골에서 배운 한문 공부를 한시도 게을리 하지 않았다. 새벽에 일찍 일어나 한문을 한 시간 읽고 저녁때 잠자기 전에 한 시간씩 꼭 공부했다. 이제 기수까지 가세해서 책 읽는 소리가 집 안에 가득했다.

옛말에 '잘되는 집안에는 책 읽는 소리가 끊이지 않는다'는 말이 있는데, 바로 우리 집을 두고 한 말 같았다.

이듬해 봄에 우리 형제는 당당히 대입 검정고시와 고입 검정고시에 나란히 합격했다. 아버지는 물론 새어머니와 친어머니도 기뻐하셨다. 그리고 그다음 해에 민수 형은 예전에는 꿈에도 상상할 수 없었던 명문 대학교에 당당히 합격했다. 또한 나는 고등학교에 진학을 했다.

이 소식을 들은 동네 사람들은 우리 집안에 기적이 일어났다고 아우성쳤다. 한때 불량배들과 어울려 다니며 나쁜 짓만 골라 하던 민수 형이 이제 새사람이 되어 일류 대학에 가게 되었다는 소문은 온 장안에 퍼졌다.

사람들이 성공한 비결이 무엇이냐고 물으면 아버지는 지리산에 있는 친척집에서 3년간 공부한 덕이라고 자랑스럽게 말했다.

그러나 민수 형은 겸손하게 말했다.

"저는 단지 저의 본성을 되찾아 천리를 따르다 보니 그렇게 되었습니다. 아직 부족한 것이 많습니다."

그 말은 들은 아주머니들은 더욱더 호들갑을 떨었다.

"아유, 저 말하는 것 좀 봐. 실력 있는 사람은 뭐가 달라도 달라."

성미 급한 어떤 사람은 우리가 공부한 산골 마을이 어딘지 가르쳐 달라고 졸라 댔다. 자기 아들도 그곳에 보내고 싶다는 것이었다.

소문은 역시 빠른 법, 어떻게 알았는지 한 방송사에서 인터뷰를

하자고 요청했고, 또 다른 방송사에서는 우리 가족 모두 아침 프로그램에 나와 달라고 했다.

우리는 방송 프로그램에 나갈지 말지를 놓고 가족회의를 했다. 아버지와 나, 기수는 나가자는 쪽이었고, 새어머니와 민수 형은 나가지 말자는 쪽이었다.

결국 우리는 민수 형의 의견에 따를 수밖에 없었다. 민수 형은 사람답게 살게 된 당연한 일을 가지고 여러 사람 앞에서 성공한 듯 떠드는 것은 참으로 부끄러운 일이라고 했다. 자기는 한때 남의 손가락질을 당하는 입장이었는데, 3년 동안 뉘우치고 이제 겨우 사람 구실을 하게 되었을 뿐 그까짓 일류 대학에 입학한 것이 뭐가 그리 대단하다고 여러 사람들 앞에 자랑하듯 나서느냐고 했다. 그런 것은 정말 못난이 소인들이나 하는 행동이라고 말하는 바람에 아무도 더 이상 방송에 나가자고 말할 수가 없었다.

대신 여성 전용 채널 케이블 방송사의 프로그램에 민수 형 혼자 나가기로 했다. 그 방송사의 프로그램 중에 여성을 억압하는 사상에 대한 토론 코너가 있는데 유교, 특히 성리학이 여성을 억압한다는 쪽과 그렇지 않다는 쪽으로 나누어 토론을 벌인다는 것이었다. 그래서 민수 형이 토론의 증인으로 출연하는 것이었다. 가족들은 방청객으로 참석하기로 했다.

그날 토론의 주제는 '유학, 성리학이 지금도 필요한가'였다. 필요하다고 찬성하는 학자들과 반대하는 학자들이 열띤 토론을 벌였는데, 민수 형은 찬성하는 쪽의 증인으로 출연했다.

먼저 찬성하는 쪽의 질문이 있었다.

"학생은 인간의 본성이 선하다고 생각하십니까? 즉, 악한 사람도 선하게 될 수 있냐고 묻는 것입니다."

"예, 저의 경우를 본다면 확실히 그렇게 말할 수 있습니다. 인간의 본성이 착하지 않다면 어째서 제가 사람답게 살려고 노력을 했겠습니까?"

계속해서 질문이 이어졌다.

"성리학의 어떤 점이 사람을 그렇게 변화시킨다고 봅니까?"

"배움입니다. 인간의 성품은 모두 착하지만 깨달음에는 선후가 있으므로 나중에 깨달은 자가 먼저 깨달은 자의 말과 행동을 본받아 선을 밝히고 본성을 회복하는 것입니다."

"그러니까 스승이 필요하다, 이 말인가요?"

"네, 그렇습니다. 저도 훌륭한 스승님의 가르침을 받아 이렇게 되었습니다."

"성리학을 공부할 때만 스승이 있는 것은 아니잖습니까?"

"물론 그렇습니다. 다른 학문도 스승의 훌륭한 가르침이 있다면 본성을 회복할 수 있을 겁니다. 그러나 무엇보다 주자 성리학은 우주와 나의 본성이 하나라고 주장합니다. 그렇기 때문에 인간의 고귀함과 착함을 믿으면 본성을 회복할 수 있다고 봅니다. 여기에는 스승의 역할이 큽니다. 스승을 통해서 깨달아야 할 인간의 본성은 곧 천리입니다."

이번에는 반대쪽 질문이 이어졌다.

"학생이 말하는 천리가 뭡니까?"

"사람은 배고프면 먹어야 하고 추우면 따뜻하게 해야 하며 부모를 만나면 효도해야 하고 형제를 만나면 우애 있게 지내야 합니다. 그런 것들이 천리라고 배웠습니다."

민수 형이 또박또박 대답하자 또 다른 질문이 이어졌다.

"그렇다면 예전처럼 남편이 죽으면 아내가 재혼하지 않고 혼자 사는 것이 천리를 따르는 일이라 생각하십니까?"

"이전에는 그것을 천리라고 주장한 사람들이 있었습니다. 사회적으로 영향력 있는 사람들의 주장이 국가의 법으로 정해져서 그것이 천리이니 지켜야 한다고 했겠지요. 당시에는 재혼을 허락하면 사회적으로 부작용이 생긴다고 생각해서 그랬을 겁니다. 그러나 오늘날에는 남편이 죽으면 재혼하는 것이 천리라고 생각합니다. 왜냐하면 남녀 관계란 자연적인 것이니까요."

"그렇다면 예전의 유학이 오늘날의 입장에서 보면 잘못된 것 아닙니까?"

"그렇게 생각하는 것은 자유겠지만 그건 유학에 대한 해석상의 차이가 아닐까 생각합니다. 유학에 시중지도(時中之道)라는 것이 있는데 '때에 맞는 도리'를 말합니다. 그 시중지도를 살린다면 오늘날에는 당연히 재혼을 하는 것이 천리라 할 수 있겠지요."

"그러니까 학생은 과거의 유학은 남녀차별을 인정했지만 오늘날에는 그렇지 않다, 이 말인가요?"

"그렇습니다. 기독교도 발생할 당시에는 노예제도를 인정할 수

밖에 없었습니다. 마찬가지로 유학이 생긴 지 2천 년이 넘었고, 주자학이 생긴 지도 8백 년이 넘었는데, 당시의 시대적 한계를 안고 있다고 해서 가치가 없다고 할 수는 없겠지요."

"하지만 학생, 아직도 일부 유교 단체에서는 여성에 대해 우호적이지 않은데 그 점을 어떻게 생각합니까? 가령 조상의 유산을 딸에게는 물려주지 않는 것 등에 대해서 말입니다."

민수 형은 침착하게 대답했다.

"우호적인 단체도 있습니다. 조선시대에도 딸에게 유산을 물려준 사람들은 많이 있었습니다. 여성에 대해 우호적이지 않다면 그건 그 사람들의 한계이겠지요. 결국 앞으로 유학이 어떻게 될지는 그것을 연구하는 사람들의 몫이라 할 수 있을 것입니다."

이렇게 해서 민수 형은 토론회를 마쳤다.

이날 저녁 신문에 작은 기사가 하나 실렸다. 모 케이블 방송 토론회에서 대학교 1학년 학생이 전문가를 쩔쩔매게 했다는 기사였다.

하지만 그 뒤에도 민수 형은 그런 기사나 남의 시선에는 아랑곳하지 않고 열심히 부모님을 도우며 공부했다. 학문이란 남에게 자랑하기 위해 하는 것도 아니고, 궁극적으로 자신의 덕을 쌓기 위해 하는 것이므로 드러낼 필요가 없다고 생각한 것이다. 나도 기수도 형의 도움을 받아 열심히 공부하며 집안일을 도왔다.

　우리 주민수, 주유수, 노기수 삼 형제는 실험실에서 알코올램프를 올려놓는 튼튼한 삼발이처럼 굳게 설 수 있었다. 우리는 부모님께 효도하고 형제들과 잘 지냈으며, 언젠가는 사회와 국가와 이 세상에 큰 등불이 될 것이라고 굳게 믿었다.

순천리 그리고
궁리진성과 거경궁리

순천리

순천리(順天理)는 천리를 따르는 것을 말합니다. 종교적으로 말하면 하늘의 뜻을 따르는 것입니다. 《명심보감》에도 '하늘을 따르는 사람은 흥하고, 하늘을 거스르는 자는 망한다'고 하는데, 바로 그런 뜻입니다.

그런데 사실 무엇을 천리로 보느냐에 따라 그 내용은 완전히 달라집니다. 성리학은 인간의 도덕적인 가치를 천리로 보았습니다. 그런데 현대의 학자들은 자연의 어디에도 도덕적인 가치가 있다고 보지는 않습니다. 오히려 자연스러운 것은 먹고 싶을 때 먹고 자고 싶을 때 자야 하는 생물적인 모습이라고 봅니다. 본문의 이야기처럼 좋아하지도 않는 사람과 억지로 사는 것보다 좋아하는 사람과 결혼해서 사는 것이 오히려 자연스럽다고 말할 수 있습니다.

이렇게 하늘의 뜻, 곧 사람들이 생각한 자연법칙은 과학의 발달과 더불어 바뀌어 왔다고 말할 수 있습니다. 그러니까 주자의 성리학이

그 시대에 사회질서를 유지하는 도덕적 내용이며 천리였지만, 오늘
날에 와서는 또 다른 방식으로 해석이 되어야 할 것입니다. 학문이란
계속 발전하는 것이니까요.

궁리진성과 거경궁리

궁리진성(窮理盡性)은 성리학의 공부 방법 가운데 하나입니다. '이치
인 리를 연구하여 자신의 성품을 다한다'는 뜻입니다.

이치는 사물에도 있고 인간의 마음에도 있는데, 사람의 앎이 밝지
못하면 자신의 마음속의 이치를 알 수 없습니다. 그래서 사물의 이치
를 밝혀 내 마음의 이치를 밝히는 것입니다. 사물 속의 천리와 내 마
음의 천리가 하나이기 때문입니다. 이렇게 이치를 밝히게 되면 자신
의 본성이 밝아지는 것입니다. 본성이란 내 마음 속에 있는 이치를
말합니다.

거경궁리(居敬窮理)는 이치를 연구할 때의 자세를 말합니다. 경(敬)
에 거하면서 이치를 연구해야 한다는 것입니다. 경이란 마음의 태도
인데, 방심하지 않고 마음을 한곳에 집중하는 것을 말합니다. 다시
말하면 마음이 깨어 있어야 한다는 것입니다.

이처럼 성리학은 단순히 이치를 아는 것만 중요한 것이 아니고, 이
치를 공부할 때의 마음 자세를 중요시합니다. 따라서 사물의 이치를

공부하여 자신의 본성을 회복하는 것이 성리학의 공부 방법인데, 오
랫동안 이러한 과정을 반복하면 내 마음이 밝아져서 마침내 성인이
되는 것입니다.

에필로그

민수 형은 이제 어엿한 선생님이 되어 고등학교에서 역사를 가르치고 있다. 자신이 친척 아저씨의 도움을 받아 비뚤어진 청소년기 생활에서 벗어날 수 있었기 때문에 스승의 길을 택한 것이다. 스승이 얼마나 중요한 역할을 하는지를 자신의 체험을 통해서 일찍이 깨달았기 때문이다.

물론 요즘 학생들은 예전처럼 스승을 존경하지 않지만, 민수 형은 존경받기 위해 교직을 택한 것이 아니기 때문에 나름대로 원칙을 갖고 학생들을 가르치고 있다. 형은 학생들의 실력도 중요하지만 그에 앞서 사람다운 사람이 되도록 가르친다.

그런 원칙은 집에서도 지켜 나갔다. 민수 형에게는 초등학교와 중학교에 다니는 아이들이 있는데 그 흔한 과외나 학원 공부는 시키지 않고 있다. 아이들에게 스스로 집안일을 돕도록 하고, 책을 즐겨 읽으며 대화와 토론을 하도록 유도한다. 초등학생인 아이에게는 지식 위주의 공부보다 인간의 기본이 되는 공부를 더 많이 시킨다. 남을 배려하도록 하고, 인내심을 길러 주며, 자신감을 갖게 하고, 자신의 일을 스스로 하도록 하며, 모르는 것은 알 때까지 찾아보게 하고, 운동하는 방법을 가르친다. 그리고 중학생인 아이에게는 스스로 문제를 해결할 수 있는 능력을 길러 주고, 독서와 토론 및 대화를 자주 하도록 한다. 시험 문제 한두 개 틀리는 것 가지고 씨름하지는 않는다.

나는 사회복지사가 되어 복지관에서 장애인이나 노인들을 상대로 봉사하고 있다. 나도 결혼해서 아이 둘을 키우고 있는데 큰아이는 초등학교에, 작은아이는 유치원에 다니고 있다. 직장 일 외에 물론 제일 큰 관심거리는 아이들의 교육 문제이다. 사람의 본성은 원래 착하다고 믿기 때문에 극성스럽게 아이들을 가르치면 오히려 본성을 해친다고 여겨서 자연스럽게 키우고 있다.

내가 가장 보람을 느끼는 것은 역시 장애인이나 노인들을 돕는 일이다. 나의 착한 본성이 잘 발휘되는 것 같아 무척 즐겁다.

어느 봄날, 우리 형제는 새벽부터 서둘러 차에 올랐다. 어른이 된 뒤 해마다 치르는 행사가 있기 때문이다. 바로 지금의 우리를 있게 해 준 스승이신 친척 아저씨께 찾아가는 일이었다. 아들이 서울에서 좋은 직장을 다니고 있었지만 스승님은 한사코 산골 마을이 좋다며 그곳에서 살고 계신다. 그래서 우리가 그곳을 찾아가서 뵙기로 했다. 다행히 예전과 달리 큰길이 그 마을 옆으로 뚫려 있어서 찾아가는 데에는 큰 어려움이 없었다.

스승님은 자신에게 배우러 오겠다는 사람을 거절하지 않으시기 때문에 종종 대학생이나 대학원생들이 한문을 배우러 와서 얼마간 머무는 경우가 있다고 했다. 스승님은 그곳에서 텃밭을 가꾸시고 간단한 농사도 지으시며 살고 계신다.

스승님은 오늘도 주름 잡힌 얼굴로 우리 형제를 반갑게 맞아주셨다. 그러고는 유교 경전의 문구를 물으시고, 자신 있게 대답하지 못하면 호통을 치셨다.

　한 번 스승은 영원한 스승인 것이다. 사회생활을 하면서 우리 형제의 몸가짐이나 생활 태도가 흐트러지지 않았는지 늘 살펴보시고 충고도 해주신다. 민수 형과 나에게 그런 스승이 있다는 것에 대하여 남들은 참으로 부러워한다. 그런 스승님을 한 분이라도 모시고 있다는 것은 아주 크고 값진 재산일 것이다.

통합형 논술
활용노트

01 서울에서 소문난 말썽꾸러기였던 민수와 유수는 산골로 보내져 친척 아저씨에게 '천리'를 배우게 됩니다. 책 속에서 천리는 여러 가지 상황에서 나타납니다. 기억나는 대로 적어 보세요.

02 아저씨는 옥수수를 가꾸듯 사람도 마음을 잘 가꾸면 인의예지를 발휘할 수 있다고 하였습니다. 그렇다면 인의예지가 무엇인지 다시 한 번 책 내용을 잘 생각해 본 후 적어 보세요.

03 천리에 따라 산다는 것은 무슨 의미일까요? 여러분 주변에서 일어 나는 일들 중에 천리를 생각하게 하는 일이 있었다면 적어 보세요.

04 아저씨는 민수에게 천리를 실천하는 데에도 순서가 있다고 말합니다. 그 순서란 무엇인지, 왜 그런 것인지 생각나는 대로 적어 보세요.

05 태극이의 이름에는 무슨 뜻이 담겨 있나요? 태극이와 유수가 나눈
대화를 잘 생각하며 적어 보세요.

06 인의예지는 인간이 타고난 '본래 성품', 즉 순수한 천리라고 합니다. 그렇다면 왜 인간은 타고난 인의예지를 그대로 발휘하지 못할까요? 민수와 아저씨의 대화를 잘 생각하며 적어 보세요.

07 모든 학문은 시대에 따라 변합니다. 유학도 현대사회에서는 그대로 적용할 수 없는 내용들이 있습니다. 어떤 것들이 그런지 책을 읽고 적어 보세요. 그리고 어떤 식으로 시대에 맞게 변해야 하는지도 함께 적어 보세요.

통합형 논술
문제풀이

01 형제가 서로 사랑하고 공경하는 것도 천리(天理)이며 자연의 이치에 따라 사는 것도 천리입니다. 옥수수를 얻기 위해서는 벌레도 잡아 주고 잡초도 뽑아 주고 거름도 주어서 잘 가꾸어야 하는 것처럼 우리의 마음을 잘 가꾸어 마음속에 있는 인의예지를 발휘할 수 있는 것도 곧 천리입니다. 또한 민수가 고사리를 꺾지 못했던 것처럼 생명을 보고 불쌍히 여기는 마음 역시 천리가 있다는 증거입니다. 부부와 자식이 서로 화해하고 잘 사는 것도 천리이며 인의예지 역시 인간이 타고난 '본래 성품', 즉 순수한 천리라고 말할 수 있습니다. 주자는 '천리는 변하는 것이 아니고 영원무궁하기 때문에 인간이 잘 따라야 하는 것'이라고 말했습니다. 본문의 이야기를 보면 좋아하지도 않는 사람과 억지로 사는 것보다 좋아하는 사람과 결혼해서 사는 것이 오히려 자연스럽다고 나옵니다. 이처럼 하늘의 뜻도 과학의 발달과 더불어 바뀌어 왔다고 말할 수 있습니다. 그러니까 주자의 성리학은 그 시대의 사회질서를 유지하는 도덕적 내용을 천리로 삼았지만 오늘날에 와서는 또 다른 방식으로 해석될 수도 있는 것입니다. 왜냐하면 학문은 시대에 맞게 언제나 변화하는 것이기 때문입니다.

02 인(仁)이란 한마디로 말하면 사랑입니다. 또 의(義)란 한자로 '옳다' 또는 '바르다'라는 뜻입니다. 주자는 의란 '사리를 따져서 마땅함이 있는 것'이라고 하였습니다. 만일 사리를 따져서 마땅함이 없다면 의가 아닌 것입니다. 또한 주자는 '사람은 모두 인의예지를 갖고 있지만 그것이 그 사람의 기질에 가려서 잘 발휘되지 못한다'고 하였습니다. 마치 민수가 서울에서 살 때 잘못된 성격이나 행동, 또는 환경 때문에 의를 깨닫지 못한 것과 같습니다. 따라서 노력을 통해 성격이나 환경을 고치면 인의예지를 깨달을 수 있다는 이야기입니다. 그러나 사람의 기질이란 저절로 바뀌는 것이 아니므로 좋은 환경 또는 공부나 수양을 통하여 새로운 사람이 되도록 노력해야 합니다.

03 천리는 멀리에 있는 것이 아닙니다. 부모가 부모답고, 남편이 남편답고, 아내가 아내답고, 자식이 자식답게 사는 것도 천리이며, 형제끼리 우애 있게 지내고 어른을 공경하는 것도 모두 천리입니다. 요즘에는 뉴스를 통해 천리에 어긋나는 행동을 하는 사람들을 많이 볼 수 있습니다. 부모를 폭행하는 아들딸의 이야기, 자식을 버리는 부모의 이야기, 형제끼리 재산 다툼을 하다가 살인까지 저지른 이야기 등 우리 주변에 천리를 버리고 짐승과도 같은 삶을 사는 사람들의 이야기가 간간히 들려옵니다. 천리에 따라 사는 것은 어려운 일이 아닙니다. 사람이 태어나서 자연의 이치를 거스르지 않고 사는 것이 곧 천리이므로 언제나 겸손하고 배우는 자세로 실천하여야 할 것입니다.

04 주자는 살아 있는 모든 존재를 사랑하는 것도 천리라고 하였습니다. 그러나 자기 자식이나 부모를 버려두고 남의 자식이나 부모를 먼저 사랑할 수는 없듯이 천리를 실천하는 데도 순서가 있다고 하였습니다. 남의 형제를 걱정하는 것보다 나의 형제를 먼저 걱정해야 하고, 남의 부모를 섬기기 전에 나의 부모님께 효도를 해야 한다는 것입니다. 즉 모든 만물을 사랑하고 공경하기 위해서는 먼저 가장 가까이에 있는 것들에 대해 최선을 다해야 한다는 이야기입니다. 자신의 주변도 살피지 못하면서 더 큰 것들을 살필 수는 없기 때문입니다. 여러분도 부모님과 형제에게 먼저 사랑을 베푸세요. 그것이 곧 천리의 시작입니다.

05 태극이란 천리의 다른 말입니다. 주자는 만물에 태극이라는 천리가 들어 있다고 하였습니다. 사람들의 마음에도, 주변 모든 사물에도 태극이 있습니다. 그 안에 태극이 있기 때문에 만물은 하나가 될 수 있는 것입니다. 또한 태극은 세상이 생기기 전에 먼저 있었다고 합니다. 유수의 말처럼 태극은 냄새도 없고 소리도 없고 보이지도 않습니다. 그러나 우리가 모두 알고 있는 사랑도 눈에 보이지 않지만 분명히 있다고 말할 수 있는 것처

럼 태극도 눈에 보이지 않을 뿐 분명 존재하는 것입니다.

06 인의예지는 모든 인간이 가지고 태어나는 순수한 성품이며 천리입니다. 그러나 주자는 기질이 맑고 깨끗한 사람은 그것을 발휘할 수 있어도 기질이 혼탁한 사람은 그럴 수 없다고 말합니다. 이렇게 타고난 순수한 성품이 기질에 가려져서 제대로 발휘되지 못하는 것을 '기질의 성품'이라 합니다. 주자는 '사람은 육체가 있기 때문에 기질의 영향에서 완전히 벗어나기가 쉽지 않다'고 하였습니다. 그래서 욕심도 생겨나는 것이라 하였습니다. 그러나 욕심을 갖는 것 그 자체가 나쁜 것은 아닙니다. 배가 고프면 먹고 추우면 옷을 입어야 하듯이 정당한 욕심은 당연히 있어야 한다고 주자는 말합니다. 문제는 욕심이 지나치면 그것이 자신의 순수한 성품을 가려서 옳지 못한 행동을 하게 되는 것입니다. 이러한 욕심을 다스리기 위해서는 마음에 있는 본연의 성품을 깨닫고 이를 계속 마음에 잘 보존해야 합니다. 그리고 어떠한 행동 후에는 반드시 되돌아보아 잘못이 없는지 살펴보아야 합니다. 이때 중요한 것은 항상 마음이 깨어 있어야 한다는 것이며 조금이라도 방심하면 안 된다는 것입니다.

07 과거에는 남편이 죽으면 아내가 재혼하지 않고 혼자 사는 것이 천리를 따르는 일이라 생각하였습니다. 그것은 당시 사회적으로 영향력 있는 사람들의 주장이 국가의 법으로 정해지고 천리가 되어 지키게 된 것입니다. 당시에는 재혼을 허락하면 사회적인 부작용이 생길 수 있다고 생각되어 그렇게 했지만 오늘날은 그렇지 않습니다. 남녀 관계란 자연적인 것이기 때문입니다. 그렇다고 반드시 과거의 유학이 잘못되었다는 뜻은 아닙니다. 그것은 단지 유학에 대한 해석상의 차이입니다. 유학에 시중지도(時中之道)라는 말이 있는데 이는 '때에 맞는 도리'를 말합니다. 그 시중지도를 살린다면 오늘날에 맞는 천리를 찾을 수 있을 것입니다.